베드로전서와 베드로후서의 이해

1 Peter · 2 Peter

베드로전서와 베드로후서의 이해

2019년 9월 1일 초 판 1쇄 인쇄
2019년 9월 5일 초 판 1쇄 발행

저 자 • 양 창 삼
발행인 • 조 경 혜
발행처 • 도서출판 그리심
07030 서울시 동작구 사당로2길 72 인정 인정 B동 (B01)

등록번호 • 제 7-258호(1998. 4. 23)
출 판 사 • 전화 523-7589 팩스 523-7590
홈페이지 • http://grisim.biz
전자우편 • grisimcho@hanmail.net

값: 표지 뒷면에

ISBN 978-89-5799-429-0 93230

양 창 삼

서울대학교 정치학과(학사, 석사)
서울대학교 대학원(경영학석사)
웨스턴일리노이대학교(MBA)
연세대학교 대학원(경영학박사)
총신대학교 대학원(M.Div., Th.M.)
한양대학교 경상대학 학장
한양대학교 산업경영대학원 원장
연변과기대 부총장, 챈슬러
현) 한양대학교 경상대학 경영학부 명예교수, 목사

머리말

바른 성경 읽기에 관심을 가지면서 성경의 한 장 한 절마다 우리에게 주는 중요한 메시지가 있음을 깨달았다. 그래서 어느 한 구절도 놓치지 않고 정확한 의미를 찾는데 주력하였다. 그런 결과 성경을 연구하면서 그 전에 느끼지 못한 감격과 감동이 있었다. 역시 하나님의 말씀은 살아서 우리를 놀랍게 변화시킨다.

이번에는 베드로전서와 후서를 살펴보았다. 잘 아는 바와 같이 베드로는 예수님의 수제자였다. 하지만 그는 굴곡이 많았던 인물이다. 그의 인생 굴곡이 우리에게 많은 것을 공감하게 만든다.

예수님이 베드로를 처음 만난 뒤 '나를 따르라' 고 하셨다. 하지만 그는 한 동안 망설였다. 처자식을 거닌 어부로서 끼니 걱정을 해야 하는 판인데 그 모든 것을 다 내어놓고 주님을 따르자니 문제가 한두 가지가 아니었을 것이다. 그저 따르라고 해서는 안 될 상황인 것을 아신 주님은 밤새 그물질을 했지만 고기 한 마리 잡지 못해 허탈해 한 바로 그 날 아침 그를 찾아오셨다. 그리고 "깊은 곳에 가서 그물을 던지라." 하셨다. 그대로 순종한 결과 놀라운 수확을 얻었다. 그 후 그는 배와 그물을 다 버려두고 예수님을 좇았다. 인간적인 의심, 자기의 생각에만 매달려온 삶을 과감히 버린 것이다.

하지만 예수님이 잡히시고 십자가에 달려 돌아가시자 제자들은 낙망하고 모든 것을 포기하였다. 베드로는 "나는 다시 고기나 잡으러 가야겠다."

고 하였다. 과거 어부로서의 직업의식이 되살아난 것이다. 결국 갈릴리로 고기를 잡으러 갔다. 물론 갈릴리로 가라는 명령에 따라 갔다는 주장도 있다. 과거 어부였던 제자들도 따라 나섰다.

제자들이 고기를 잡고 있을 때 주님이 나타나셨다. 삼년동안이나 가르쳐 온 그의 제자들이 다시 어부로 돌아가는 일만큼은 절대로 있어서는 안 된다고 생각하셨으리라. 주님의 일은 십자가의 사건으로 끝난 것이 아니라 이제 시작이다. 해야 할 일이 산처럼 쌓였는데 그 시작부터 제자들이 주저앉은 모습을 하고 있다니.

주님은 그들의 마음을 돌이키기로 작정하셨다. 주님은 간밤에 아무것도 잡지 못한 그들을 찾아오셔서 "배 오른 쪽에 그물을 내리라." 하셨다. 그 명령은 오래 동안 어부로서 살아온 자기들의 경험법칙에 맞지 않는 것이었다. 하지만 말씀에 따라 그물을 내렸다. 결과는 자기들 생각과는 전혀 다르게 그물이 찢어질 정도였다. 요한이 갑자기 이상하다는 생각이 들었다. 어디서 많이 듣던 목소리며 어디에선가 경험했던 일이 아닌가. 자기들에게 말하는 사람이 누구인가 자세히 살펴보았다. 주님이 틀림없었다. 그래서 순간적으로 베드로를 향해 "주님이시다!" 소리쳤다. 베드로는 그 말에 놀라 바다에 뛰어들었다. 주님을 모른다고 부인한 일, 부활하신 주님을 뵈었으면서도 다시 갈릴리로 돌아온 일이 너무나 마음에 걸렸을 것이다.

주님은 베드로를 향해 "네가 나를 사랑하느냐? 내 양을 치라" 하셨다. 그것은 단순한 물음과 명령이 아니라 베드로를 향한 주님의 사랑 고백이었다. 그 뒤 그는 주님이 그토록 자기에게 두신 소원에 따라 고기를 낚는 어부가 아니라 진짜 사람을 낚는 어부가 되었다. 주님을 부인하던 그가 주님을 완전히 긍정하고 주님을 전하는 전도자가 되었다. 예수님의 말씀대로 더 이상 갈릴리에 머물지 않고 예루살렘에 올라가 성령이 임하기를 기도하며 기다렸다. 그는 주님이 약속한 권능을 받고 능력의 사람, 담대한 사람이 되었다. 결국 그는 주님을 위해 큰 역사를 이루는 사람으로 변하였다.

베드로는 베드로전서와 후서를 기록하였다. 로마에서 순교하기 직전(63년 11월-64년 4월)에 기록한 것으로 알려져 있다.

베드로전서는 극심한 박해를 받고 있는 여러 교회의 교인들에게 편지를 보내 그들을 격려하고 위로하는 데 목적이 있었다. 베드로는 그들을 향해 가슴 뜨거운 목자의 심정을 가지고 있었다.

베드로전서는 모두에서 밝힌 바와 같이 소아시아 각지에 흩어져 있는 교인들, 특히 박해를 받고 있는 교우들에게 보냈다. 그들을 위로하고 격려하기 위한 것이다. 베드로는 격려의 주제를 산 소망으로 잡았다. 그래서 이 서신을 '소망의 서신' 이라 부른다. 그는 구원이 예수 그리스도의 피 뿌림에 근거하고 있음을 밝히고, 과거에는 하나님의 백성이 아니었지만 이제는 하나님의 백성이 되었음을 상기시키면서 구원의 확신을 가지고 박해를 이기라고 강조하고 있다. 예수님은 믿는 자들에게는 구원을 주시기에 보배로운 산돌이자 보배로운 모퉁잇돌이다. 그러나 믿지 아니하는 자들, 곧 하나님의 말씀에 불순종하는 자들에게는 부딪히는 돌이요 걸려 넘어지게 하는 돌이다.

베드로후서는 전서와 달리 수신자에 대한 언급이 없고 단순한 인사말뿐이고, 말미에도 서로 주고받는 문안인사가 없다. 그래서 베드로후서는 넓은 지역에서 읽혀졌던 순회 서신서로 보고 있다.

베드로후서는 베드로가 임종을 얼마 남겨두지 않고 쓴 것으로 알려져 있다. 그래서 후서는 그리스도인들에게 주는 베드로의 유언과 같은 말씀에 속한다. 그는 이 말씀을 통해 주님의 성품을 지니고 계속 성장할 것과 주님의 재림을 바라보며 인내할 것을 말하였다.

베드로후서는 무엇보다 교회 안에 들어온 거짓 선생들에 대해 경고했다. 당시 거짓 선생들은 대부분 영지주의(Gnosticism)에 빠졌거나 그와 흡사한 자들이었다. 그들은 종말론적인 부활의 소망을 부인하고 예수의 재림을 믿지 않았으며 영적인 존재들에 대해 왜곡된 교리를 가르쳤다. 나아가 기독교적인 윤리를 무시해도 된다는 도덕폐기론을 내세우며 성도들을 유혹했다. 베드로는 이런 교사들의 유혹에 빠지지 않기 위해 그리스도인의 성품을 지니고 계속 성장할 것, 예수님의 재림을 바라보며 인내할 것, 은혜와 지식 안에서 성장할 것을 강조했다. 재림은 '파루시아(parusia)'로 '나타나심', '재림'의 뜻이 있다.

베드로전서와 후서의 내용

베드로전서

1. 산 소망을 주신 하나님 찬양
2. 산 소망에 합당한 생활을 하도록 권면: 거룩한 생활
3. 산 소망이 나타나야 되는 생활영역: 이방인, 국가, 상전, 남편, 아내,

이웃
4. 고난과 시련에 대한 권면
5. 고난의 영적 의미
6. 교회 지도자들에 대한 권면

베드로후서
1. 그리스도를 아는 지식 안에서 성장하라 권면
2. 거짓교사들에 대한 경고

베드로전서와 후서를 보면 인간적인 것을 추구했던 과거의 모습은 완전히 사라지고 오직 새 하늘과 새 땅을 바라보는 사람으로 변해있음을 알 수 있다. 더 이상 세상에 미련을 두지 않고 하늘을 소망한 것이다. 그리고 우리로 하여금 주님과 함께 할 그 약속의 땅을 바라보며 살라고 당부하고 있다. 베드로전서와 후서는 예수님의 수제자인 베드로가 우리에게 남긴 유언과 같다. "하나님은 산 소망과 쇠하지 아니하는 유업을 주신다." "너희는 택하신 족속이요 왕 같은 제사장들이다." "너희도 산 돌 같이 신령한 집으로 세워지라." "서로 대접하고 선한 청지기 같이 봉사하라." "겸손으로 허리를 동이고 염려를 다 주께 맡기라." "거짓 선생들을 경계하라." "주의 재림을 확신하라." 금과옥조가 따로 없다. 이 말씀이 험난한 시대를 살아가는 우리의 영을 새롭게 할 것이다.

양 창 삼

목 차

베드로전서 1장

베드로전서 2장

베드로전서 3장

베드로전서 4장

베드로전서 5장

베드로후서 1장

베드로후서 3장

베드로전서

베드로전서 1장

1. 인사말(1–2절): 택하심을 받은 자들에게 은혜와 평강이 많을지어다

1. 예수 그리스도의 사도 베드로는 본도, 갈라디아, 갑바도기아, 아시아와 비두니아에 흩어진 나그네
2. 곧 하나님 아버지의 미리 아심을 따라 성령이 거룩하게 하심으로 순종함과 예수 그리스도의 피 뿌림을 얻기 위하여 택하심을 받은 자들에게 편지하노니 은혜와 평강이 너희에게 더욱 많을지어다.

> "예수 그리스도의 사도 베드로는 본도, 갈라디아, 갑바도기아, 아시아와 비두니아에 흩어진 나그네(1절)."

베드로전서는 각지에 흩어져 있는 교인들, 특히 박해를 받고 있는 교인들에게 보내는 베드로의 편지다. 그들을 위로하고 격려하기 위한 것이다. 1절은 이 서신의 대상이 바로 그들임을 밝히고 있다. 이 서신은 지금 그리스도인으로 각 곳에서 살아가는 우리들에게 그대로 적용된다. 과거에는 그들이었지만 지금은 바로 우리라는 말이다.

그는 자신을 가리켜 '예수 그리스도 사도 베드로'라 하였다. 자신을 '사도

(*apostolos*, apostle),' 곧 예수 그리스도 사도라 하였다. 사도는 '보냄을 받은 자,' 곧 사자 혹은 대행자를 뜻한다. 사도는 예수의 열두 제자들과 바울, 그리고 선교사역에 동참했던 여러 그리스도인들을 지칭한다. 자신은 예수 그리스도를 전하는 선교사로 보냄을 받은 자라는 것이다. 그는 제일 먼저 자기의 정체성을 확고히 했다.

베드로는 원래 이방인에 대해 고착된 편견을 가진 인물이었다. 구원은 유대인에게만 한정된다는 유대인 의식이 강했다. 이 의식이 고넬료 사건으로 깨졌다. 그리고 지금 깨어진 베드로가 자신이 사도임을 밝히고 있다. 이것은 그의 생애 사를 살펴볼 때 매우 의미 있는 말이다.

베드로는 예수님의 수제자로, 주님을 '하나님의 아들'로 고백한 인물이다. 예수님은 들판에서든 갈릴리 바다 가에서든 사람들에게 먼저 하나님의 나라와 그 의를 구하게 하고, 죄로부터 구원을 얻도록 설파하셨다. 이것은 지금까지 랍비들로부터 듣지 못하던 말씀이었다. 요한복음을 보면 그 말씀을 이해하기 어렵다며 떠나가기 시작했다. 이적을 베풀어 먹을 것을 주었을 때 그들은 예수의 능력에 놀랐다. 그래서 그를 통해 정치적 독립과 자유를 얻을 수 있는 세속적 욕망을 얻을 수 있을 것으로 기대했다. 하지만 그 기대와는 먼 말씀을 하시는 것이다. 그 모습에 주님은 마음이 상하셨을 것이다.

예수님은 제자들에게 물었다. "너희도 가려느냐?" 그러자 베드로는 말했다. "영생의 말씀이 주께 있사오니 내가 누구에게 가리이까?" 그 후 베드로는 그 주님을 고백했다. "주님은 그리스도시요 살아계신 하나님의 아들이십니다." 고백의 경지가 남다르다. 주님은 '하늘에 계신 내 아버지'께서 알게 하신 것이라 하시고, "너는 베드로라 내가 이 반석 위에 내 교회를 세우리니 음부의 권세가 이기지 못하리라(마 16:18)." 하셨다. 이 신앙고백 위에 교회를 세우시겠다는 것이다.

사도는 보냄을 받은 자다. 그러나 정작 그는 사도라 칭할 수 있을까. 그는 이미 세 번이나 예수를 모른다고 부인했다. 예수님이 부활하신 후에도 그는 물고기 잡으러 간다고 했다. 이것은 그가 사도의식과는 먼 거리에 있었음을 의미한다. 그러나 주님을 그를 부르시고 "네가 나를 사랑하느냐" 물으셨다. 과거의 그를 묻지 않으시고 현재를 물으신 것이다. "내가 주를 사랑하시는 줄 주께서 아시나이다." 그 말을 하며 그는 마음으로 크게 울었을 것이다. 주님은 "내 양을 치라" 하셨다. 사도로서의 사명을 다시 심어준 것이다. 이제 그 스스로 자신을 예수 그리스도의 사도 베드로라 밝히고 있다. 유대와 사마리아와 땅 끝까지 복음을 전하라는 명령도 받았다. 이제 온전히 예수 그리스도의 사람으로 회복된 것이다.

사도로서 그의 관심은 지금 본도, 갈라디아, 갑바도기아, 아시아와 비두니아에 살고 있는 성도들이다. 본도(Pontus), 갈라디아(Galatia), 갑바도기아(Cappadocia), 아시아(Asia), 비두니아(Bithynia)는 모두 소아시아에 있는 로마의 속주로 지금은 터키에 속해 있다. 비두니아와 본도는 소아시아 북부, 곧 흑해 연안에 위치해 있었다. 그 옆으로 갈라디아가 넓게 자리하고, 그 아래로 갑바도기아가 있다. 갑바도기아는 소아시아의 동부에 넓게 자리하고 있다. 아시아는 요한계시록에 나오는 일곱 교회들이 주로 있는 곳이다. 그곳 모두 그들이 지금까지 살아왔던 유다 땅과는 거리가 멀다.

고향에서 떨어져 사는 그들을 향해 베드로는 '흩어진 나그네(*parepidemois Diasporas*, the sojourners of the Dispersion)' 라 하였다. '흩어진' 의 원문은 '디아스포라스(*diasporas*)' 로 '흩어짐 가운데 있는' 이라는 말이다. 이것은 그들이 현재 '디아스포라' 라는 말이다. 디아스포라는 '흩어진 씨앗' 이라는 뜻을 가지고 있다. 흩어져 각 곳에 살지만 그곳에서 하나님의 거룩한 씨앗으로 살아가는 존재다. 우리는 하나님 나라의 백성으로서 이 땅에 흩어져 살고 있는 거룩한 나그네다. 이 원형이 바로 예수님이시다. 그는 이 세상에 보내졌지만 이 세상에 속하지 않았다. 우리도 세상에 속하지 않은 자다. 그래서 나그네다. 언젠가 영원한 고향으로 돌아가야 하는 나그네다.

우리는 여기서 흩어진 나그네에 대해 좀 더 묵상하기를 원한다. 그것이 지금 우리의 삶과 밀접하기 때문이다. 베드로는 소아시아에 흩어져 있는 성도를 가리켜 '흩어진 나그네'라 하였다. 그들은 하나님의 백성들이다. 예수 그리스도의 복음을 온 몸으로 받아들이고, 핍박 때문에 흩어져 살 수 밖에 없는 하나님의 자녀들이다. 또한 악한 세상임에도 불구하고 오히려 하나님의 말씀대로 바르게 살아가는 것을 소명으로 알고 사는 거룩한 나그네들이다.

야곱은 자신을 나그네로서 험악한 세월을 살았다고 고백했다. 우리는 나그네다. 나그네는 그 삶 자체가 고난을 안고 있다. 그러나 그리스도인의 고난은 다르다. 그리스도의 남은 고난을 내 육체에 채우는 삶을 살기 때문이다(골 1:24).

요한계시록 14:1에는 14만 4천의 이마에 어린 양의 이름과 그 아버지의 이름이 있다. 이 숫자는 상징적이지만 거룩한 목적을 위해 따로 떼어놓은 존재, 곧 하나님 나라의 대사들이 있음을 보여준다. 하나님의 친위부대원들이다. 우리는 모두 주님을 위해 '흩어진 씨앗'이다. 이 씨앗에서 생명의 역사가 일어난다. 주님은 우리가 처한 고난과 어려움을 아신다. '순례자의 노래' 가운데 "주께서 아시리."라는 곡이 있다.

"내 고생하는 모든 일들을 주께서 아시리.
빈들이나 사막에서 이 몸이 곤할지라도
오 내 주 예수 날 사랑하사 날 지켜주시리."

이 세상을 나그네로 살아라. 이 세상은 장막의 삶이다. 세상 장막이 무너지면 영원한 본향으로 가야 한다. 이 땅은 우리가 머물러야 할 영원한 곳이 아니다. 우리는 언제나 영원한 곳으로 이사해야 할 존재들이다.

베드로 당시 그리스도인들은 더 어려운 가운데 있었다. 박해를 피해 동굴에서 사는 것이 일상화되었다. 참으로 험난하고 어려운 생활가운데서도 믿음을 지키며 기쁨을 안고 살아갔다. 그들은 핍박과 고난 때문에 고난의 삶을 살았다. 베드로는 그들의 형편을 잘 알고 있다. 그들을 향한 베드로의 마음이 지금 이 말씀을 통해 전해지고 있다.

> "곧 하나님 아버지의 미리 아심을 따라 성령이 거룩하게 하심으로 순종함과 예수 그리스도의 피 뿌림을 얻기 위하여 택하심을 받은 자들에게 편지하노니 은혜와 평강이 너희에게 더욱 많을 지어다(2절)."

소아시아 여러 지방에 흩어져 사는 성도들을 '흩어진 나그네' 라 한 베드로는 그들을 다시 세 가지로 정의하고 있다. 이 정의에서 그는 삼위일체 하나님의 구원계획과 사역, 곧 성부의 예정과 성자의 구속, 그리고 성령의 인 치시는 사역을 구체적으로 언급하고 있다. 이것은 초대 교회 당시부터 이미 삼위일체 신앙이 확립되어 있음을 보여준다.

첫째, 그들은 하나님 아버지의 미리 아심(*prognosin*, the foreknowledge)을 따라 택하심을 입은 자다. 성부 하나님은 모든 것을 미리 아시는 분, 곧 전지하신 하나님이시다. 성부 하나님은 미리 아시고 우리를 택하시고 구원하신다. 이것은 우리가 하나님께서 자신의 예정가운데 택함을 입은 성도라는 말씀이다. 놀라운 신적 개입을 통해 우리는 하나님의 자녀가 되었다는 것이다.

둘째, 그들은 성령의 거룩하게 하심(*hagiasmo*, sanctification), 곧 성화로 순종하는 자들이다. 성령 하나님은 택함을 받은 성도를 거룩하게 하여 순종케 하신다. 성령은 우리를 지속적으로 성화시키시고, 주님의 말씀에 순종

(obedience)하도록 만드신다. 성도는 성령을 통해 늘 다듬어지고, 말씀을 따라 사는 사람으로 변화되어가는 사람들이라는 것이다.

셋째, 그들은 예수 그리스도의 피 뿌림(*rhantismon haimatos*, sprinkling of the blood)을 얻기 위하여 택하심을 입은 자들이다. 성자 예수는 우리 죄를 피로써 대속하시는 일을 담당하셨다. 예수님이 십자가 위에서 흘리신 보혈로 우리가 깨끗함을 입게 되었다는 말씀이다. 우리 자신의 의가 아니라 주님이 우리를 위해 흘리신 피의 값, 곧 주님의 의로 우리가 죄로부터 해방되었다는 것이다.

그리스도인을 나그네라 한 베드로는 나그네가 어디서 왔다가 어디로 가는지 모르는 그런 정처 없는 나그네가 아니라 삼위일체 하나님의 놀라운 역사를 통해 택하심을 받은 나그네임을 확고히 했다.

'택하심을 입었다(*eklektois*, elect, be chosen)' 는 것은 구원을 받았다는 것이다. 택하심을 입었다는 것은 유대인이 전용 언어였다. 베드로는 이방인들도 선택받은 자(the elect)라 선언했다. 여기서 그는 택함 받았음을 하나님, 성령, 예수 그리스도를 들어 확정하고 있다.

- 하나님의 미리 아심을 따라 택함을 받았다.
- 성령의 거룩하게 하심으로 인침을 받았다.
- 예수 그리스도의 피 뿌림, 곧 예수 그리스도의 보혈의 능력 아래 있다.

피 뿌림은 구약에서 우슬초로 짐승의 피를 뿌림으로써 제사를 드린 것에서 따온 것이다. 이것은 그리스도의 그림자이다. 그리스도의 속죄로 말미암아 우리가 구원을 받게 되었기 때문이다. 그리스도의 피는 단 한번 그리고 영원히 십자가 위에 뿌려졌다. 예수 그리스도의 피는 새 언약의 피(마 26:28)요 구속의 피다. 이 피 뿌림을 받은 자는 구원을 받고 정함을 입는다. 우리는 피 뿌림을 받은 존재다. 피 뿌림을 얻은 자는 주 앞에 낮아지고 겸손해야 한다. 그리고 세상이 아니라 하나님의 말씀에 민감해야 한다.

베드로는 이렇듯 귀한 디아스포라 성도들을 향해 미미 축복의 말을 전한다. "은혜와 평강이 너희에게 더욱 많을 지어다." 은혜(charis, grace)는 구원의 은혜를, 평강(eirene, peace)은 이 구원을 통해 하나님께서 우리에게 부어주시는 하나님 나라의 샬롬, 곧 영적인 평안과 기쁨을 말한다. 플라톤(Plato)이 말하는 평화, 곧 전쟁을 통해 얻는 세상의 평화와는 성격이 다르다. 베드로는 평강에 앞서 은혜를 먼저 언급했다. 평강은 은혜가 있을 때 온다. 베드로는 이 두 가지가 "더욱 많을 지어다(may be multiplied)." 했다. 시간이 지날수록 더욱 많아지도록 기도하고 있다. 은혜와 평강이 시간이 갈수록 줄어드는 것이 아니라 더욱 더 많아지라는 것이다. 이것이 바로 성도들을 향한 베드로의 마음이자 주님의 마음이다.

이 본문은 두 절에 지나지 않지만 아주 중요한 진리를 담고 있다. 베드로는 자신을 예수 그리스도의 사도라 칭함으로써 예수의 부르심을 받아 선교의 사명을 맡은 제자 중 한 사람임을 밝혔다. 나아가 이 서신의 수신인인 흩어진 성도를 향해 '나그네' 와 '하나님의 택하심을 입은 자' 라 했다. 성도는 이 세상에 영원히 거하지 않는 나그네이며, 비록 이 땅에서는 환난과 핍박을 당하지만 하나님 나라에서는 영생과 큰 상급을 받도록 하나님으로부터 부름 받은 귀한 존재라는 것이다.

이 모든 일에 삼위일체 하나님께서 개입하셨다. 얼마나 놀라운 일인가. 우리는 모두 이 경이로운 사건의 중심에 있다.

2. 산 소망(3-4절):
하나님은 산 소망과 쇠하지 아니하는 유업을 주신다

3. 우리 주 예수 그리스도의 아버지 하나님을 찬송하리로다 그의 많으신 긍휼대로 예수 그리스도를 죽은 자 가운데서 부활하게 하심으로 말미암아 우리를 거듭나게 하사 산 소망이 있게 하시며
4. 썩지 않고 더럽지 않고 쇠하지 아니하는 유업을 잇게 하시나니 곧 너희를 위하여 하늘에 간직하신 것이라

> "우리 주 예수 그리스도의 아버지 하나님을 찬송하리로다 그의 많으신 긍휼대로 예수 그리스도를 죽은 자 가운데서 부활하게 하심으로 말미암아 우리를 거듭나게 하사 산 소망이 있게 하시며(3절)."

베드로는 우리 주 예수 그리스도의 아버지 하나님을 찬양하도록 한다. 하나님께서는 당신의 크신 자비로 우리를 다시 낳아주시고 예수 그리스도를 죽은 자들 가운데서 다시 살리심으로써 우리에게 산 희망을 안겨주셨기 때문이다.

베드로는 우리의 거듭남(new birth)을 그리스도의 부활과 연관시키고 있다. 예수 그리스도의 부활을 통해 우리를 거듭나게 하시고 산 소망(*elpida zosan*, a living hope), 곧 살 희망을 주셨다는 것이다. 죽은 말만의 소망이 아니라 진짜 우리를 살게 하는, 살아있는 소망이다. 이 모두는 하나님의 크신 긍휼(his great mercy), 자비하심이 있어 가능하다. 그러므로 우리는 성부 하나님을 찬양하지 않을 수 없다.

'우리를 거듭나게 하사.' 거듭나게 한다(*anagennesas*, having begotten again)는 것은 문자적으로 '새 생명으로 탄생하게 한다' 는 뜻이다. 중생이라고도 한다. 허물과 죄로 인해 절망 속에 허덕이는 인간에게 그리스도의 십자

가 사건을 통해 새로운 생명을 주신다는 것이다. 산 소망은 사단의 지배 아래서 하나님의 진노의 심판을 피할 수 없었던 자가 예수를 주님으로 받아들임으로써 하나님의 자녀가 되고 영생을 얻게 되는 것을 가리킨다. 베드로는 이 서신에 언급되어 있는 많은 고난과 박해에도 불구하고 산 소망을 제시하였다. 3절뿐 아니라 21절, 3장 5, 15절에서도 소망이 언급되어 있다. 산 소망은 베드로전서의 핵심사상이라고 말할 정도로 비중이 크다. 이 서신을 고난 가운데서의 소망의 서신이라 할 정도다.

예수님은 "나는 부활이요 생명이니 나를 믿는 자는 죽어도 살겠고(요 11:25)"라 하셨다. 나는 마지막 날의 부활일뿐만 아니라 오늘의 새 생명(생활)이라는 말씀이다. 베드로는 '예수 그리스도를 죽은 자 가운데서 부활하게 하심으로 산 소망이 있게 하시며' 라 했다. 이 소망은 그리스도 부활을 통해 성도에게 주어진 구원의 소망이다(롬 10:9, 엡 1:20). 이 세상은 소망이 없다. 그러나 주님은 부활을 통해 이 소망 없는 세상에 살고 있는 우리에게 참 소망을 주셨다. 그 부활로 인해 이 땅에서 우리는 하나님과 더 깊은 교제를 누리며, 장래에 천국에서 영원한 삶을 누릴 수 있는 소망을 갖게 하기 때문이다. 산 소망은 그리스도의 부활로부터 온다. 부활은 영원한 삶을 지향한다.

우리는 산 소망으로 다시 태어난다. 멸망의 존재가 아니라 소망의 존재로 태어난다. 하나님의 영광을 위해 살 수 있는 존재가 되었기 때문이다. 다시 태어남을 통해 영원의 지평으로 넓어지게 한다. 과거 지향적이 아니라 미래 지향적이다. 산 소망은 지금 우리가 당하고 있는 고난도 능히 견딜 수 있게 해준다. 어떤 이는 생일을 거듭난 날로 정하기도 한다. 더 귀한, 큰 존재로 태어났기 때문이다.

죄로 인해 죽을 수밖에 없었던 존재가 주의 보혈로 의로워지고, 주의 부활을 통해 산 소망을 갖게 됨으로서 우리는 삶의 재창조를 경험하게 된다. 이런 의미에서 그리스도인의 삶은 날마다 성화되고 새롭게 형성되어가는 삶이다.

삶의 태도도 갱신된다. 하나님 나라의 백성으로서 그 나라의 궁극적 도래를 바라보며 희망하고 기다린다. 새로운 삶의 인격체로서 그 나라의 삶을 살아가기 시작하는 것이다.

하나님의 희망적 약속을 통해 세상을 볼 수 있게 되어 삶을 포기하지 않고 긍정하며 산다. 사랑뿐 아니라 고통의 개념마저 달라진다. 이 엄청난 삶의 긍정을 통해 세상을 보고 이해하는 것이 달라지는 것이다.

산 소망을 통해 이루어지는 끝은 영원한 삶의 완성이다. 그 끝에 주님이 주시는 하늘의 상급이 있다. 이를 향해 전진한다. 바울은 "어떻게 해서든지 죽은 자 가운데서 부활에 이르려 하노니 내가 이미 얻었다 함도 아니요 온전히 이루었다 함도 아니라 오직 내가 그리스도 예수께 잡힌바 된 그것을 잡으려고 달려가노라(빌 3:11-12)." 하였다.

이 모든 것은 만물을 새롭게 하시는 하나님의 역사가 일어나기 전 피조물 속에서 일어난다. 이것은 하나님의 계획 속에 있다. 따라서 우리는 하나님이 쓰시는 새 역사를 믿음으로 바로 볼 수 있어야 한다. 우리를 위해 흘리신 어린양이 영광스러운 모습으로 자리하고, 새 하늘과 새 땅이 놀랍게 전개된다. 그 나라에는 거짓과 불의가 있을 수 없다. 뇌물도 통하지 않는다. 이것은 본래의 모습이 아니기 때문이다. 우리가 아직도 이 소망을 가지고 있지 못하다면 성령께서 얼마나 고통하고 계실까. 우리는 소망이 없는 삶에서 벗어나 하나님의 새 창조의 역사에 동참해야 한다.

이 모든 것을 가능하게 하신 이는 하나님이시다. 하나님의 긍휼(*eleos*, mercy)과 사랑과 은총에 의해 믿음으로 말미암아 주어지는 것이다.

> "썩지 않고 더럽지 않고 쇠하지 아니하는 유업을 잇게 하시나니 곧 너희를 위하여 하늘에 간직하신 것이라(4절)."

나아가 하나님은 우리에게 주시는 것은 썩지 않고 더럽혀지지 않고 시들지 않는 하늘에 간직한 축복이다. 유업(*kleronomian*, an inheritance)은 원래 '제비를 뽑아 나눈다' 는 뜻을 가지고 있다. 기업 또는 분깃이라 한다. 이스라엘 백성들은 가나안 땅을 유업으로 받았다. 가나안은 성도들이 장차 들어가게 될 천국(갈 4:26)의 그림자와 같다. 바울에 따르면 성도의 유업은 천국에 있으며 나아가 성도들 자체가 하나님의 기업이라 했다(엡 1:11). 성도, 곧 하나님의 자녀는 하나님과 깊은 관계, 곧 생명의 관계로 이어지고 있다.

베드로는 성도가 받을 이 유업을 네 가지로 말했다.

첫째, 썩지 않는(*aphtharton*, never perish, imperishable) 유업이다. 하나님이 우리에게 주시는 것은 썩고 곰팡이 피는 유한한 것이 아니라 영원하다.

둘째, 더럽지 않은(*amianton*, never spoil, undefiled) 유업이다. 더럽혀지지 않는다. 아무도 더럽힐 수 없다. 사단도 침입해 더럽힐 수 없다. 이 유업은 하나님으로부터 완벽한 보호를 받고 있다.

셋째, 쇠하지 않는(*amaranton*, never fade, unfading) 유업이다. 시들지 않는다. 낡아 없어지지 않는다. 영원성을 다시 한 번 강조하고 있다.

끝으로, 우리를 위해 하늘에 간직하신(*teteremenen en ouranois*, being reserved, kept in heavens) 유업이다. 하늘에 간직한 축복이다. 어떤 도적도 하늘을 뚫지 못한다. 따라서 염려할 것이 없다.

이것이 바로 하나님 아버지께서 거듭난 우리, 산 소망을 가진 우리를 위해 마련해 두신 것이다. 소망을 가질 이유가 충분하다.

세상이 아무리 우리를 핍박하고 힘들게 해도 희망을 잃지 말자.

다음은 예레미야 애가 3장 18-23절의 말씀이다.

> "스스로 이르기를 나의 힘과 여호와께 대한 내 소망이 끊어졌다 하였도다. 내 고초와 재난 곧 쑥과 담즙을 기억하소서. 내 마음이 그것을

기억하고 내가 낙심이 되오나 이것을 내가 내 마음에 담아 두었더니 그것이 오히려 나의 소망이 되었사옴은 여호와의 인자와 긍휼이 무궁하시므로 우리가 진멸되지 아니 함이니이다. 이것들이 아침마다 새로우니 주의 성실하심이 크시도소이다."

3. 믿음의 확실함(5-7절): 연단된 믿음은 영광과 존귀를 얻는다

---

5. 너희는 말세에 나타내기로 예비하신 구원을 얻기 위하여 믿음으로 말미암아 하나님의 능력으로 보호하심을 받았느니라.
6. 그러므로 너희가 이제 여러 가지 시험으로 말미암아 잠깐 근심하게 되지 않을 수 없으나 오히려 크게 기뻐하는도다.
7. 너희 믿음의 확실함은 불로 연단하여도 없어질 금보다 더 귀하여 예수 그리스도께서 나타나실 때에 칭찬과 영광과 존귀를 얻게 할 것이니라.

"너희는 말세에 나타내기로 예비하신 구원을 얻기 위하여 믿음으로 말미암아 하나님의 능력으로 보호하심을 받았느니라(5절)."

성도들은 마지막 때에 나타나도록 예비 된 구원을 얻기 위해 믿음을 통해서 하나님의 능력으로 보호를 받고 있다는 것이다.

말세(the last days)는 무엇을 말할까? 신약에서 말세는 종말적인 의미가 매우 강하다. 시간적으로는 예수 그리스도의 부활 승천 이후 재림하기까지의 모든 기간을 말하며, 그와 함께 종말에 발생할 모든 징조와 재앙, 미래적 사건 등을 통칭한다(행 2:17, 히 1:2, 벧전 1:20). 종말의 우주적 징조에 대해서는 마태복음 24장에 잘 나타나 있고, 말세에 타락상에 대해서는 디모데후서 3장에 잘 나타나고 있다. 말세는 마지막 날, 끝날, 주의 날, 심판 날 등 여러 명칭으로 불리고 있다.

그렇다면 말세에 나타내기로 '예비하신 구원(*soterian hetoimen apokalyphthenai*, salvation ready to be revealed)'은 무엇일까? 그것은 마지막 때와 깊게 연관되어 있다.

성경은 구원의 세 가지 단계를 보여주고 있다.

첫 번째는 과거의 구원이다. 이 구원은 처음 예수를 믿었을 때이다(딛 3:5). 예수님을 그리스도, 곧 우리의 구원자로 믿는 믿음이다.

두 번째는 현재의 구원이다. 성화를 통해 구원을 계속 이루어나가는 과정이다. 우리 모두 성화의 과정에 있음을 보여준다.

세 번째는 미래의 구원이다. 이것은 마지막 때(*eschato kairo*, the last time), 곧 예수님이 재림했을 때 이루어지는 구원의 완성으로 인해 우리가 갖게 될 영화의 상태를 가리킨다.

'예비하신 구원'은 미래의 구원을 가리킨다. 이것은 성도를 위해 이미 준비된 것으로 아직 감추어져 있던 것이 나타남을 뜻한다. 이것은 성도가 영원한 나라로 들어가 영원한 기업을 상속받게 되는 것을 가리킨다(롬 5:9, 10).

'믿음으로 말미암아 하나님의 능력으로 보호하심을 받았다'는 것은 성도들은 믿음으로 마지막 날까지 안전하게 하나님의 보호를 받게 된다는 것이다. 하나님의 능력(the power of God)은 성도가 끝 날까지 안전하게 보호받을 수 있는 근원임을 보여준다. 이 모든 것을 살펴보면 우리의 믿음은 하나님으로부터 은혜의 선물, 곧 생명의 선물로 마지막 때까지 구원에 이르게 한다. 이 믿음을 처음부터 끝까지 지키고 보호하시는 하나님께 감사해야 할 것이다.

> "그러므로 너희가 이제 여러 가지 시험으로 말미암아 잠깐 근심하게 되지 않을 수 없으나 오히려 크게 기뻐하는 도다(6절)."

베드로는 6-12절을 통해 미래에 대한 이러한 소망으로 말미암아 우리는 현세에서의 고난에도 불구하고 기뻐하지 않을 수 없음을 설명하고 있다. 세상의 박해는 순간이지만 천국의 구원은 영원한 것이기 때문이다.

'여러 가지 시험'에서 '시험(*peirasmois*)'은 시련(test, trial)도 있지만 유혹(temptation)도 포함되어 있다. 마귀는 시험을 통해 우리를 넘어뜨리고자 한다. 그러나 이 시험을 통과해 신앙의 한 단계 올리시고자 하는 것이 하나님의 마음이다. 이 시험에 어떻게 반응하는가가 중요하다.

지금 교인들은 잠시 동안 여러 가지 시련 속에서 어쩔 수 없이 근심할 수밖에 없는 환경에 처해 있다. 그럼에도 불구하고 교인들은 크게 기뻐하고 있다. '크게 기뻐하다(*agalliasthe*, greatly rejoice)'는 보통의 기쁨이 아니다. 넘치는 기쁨(exceeding glad)이요 말할 수 없는 기쁨(exult with joy unspeakable)이다. 이것은 매우 긍정적인 일이다.

베드로는 3-5절을 통해 당시 박해 가운데 있는 교인들에게 구원의 소망을 말해주었다. 이 소망을 가지고 시련을 오히려 기쁘게 받아들이라는 것이다. 하지만 지금 교인들은 이런 기대를 뛰어넘어 각 가지 시험을 당해도 오히려 기뻐하며 신앙생활을 하고 있다. 참으로 칭찬받아 마땅한 일이다.

그리스도인은 예수님 한 분만으로 만족할 때 기쁨이 생긴다. 이 기쁨은 일상의 행복과는 차원이 다르다. 시련과 유혹이 와도 그것을 뛰어넘는 믿음으로 오히려 크게 기뻐한다. 시험으로 인해 잠간 근심할 수 있다. 하지만 영원에 비하면 순간일 뿐이다. 따라서 그 문제에 빠져 허우적거리지 말라. 그 무엇보다 영원한 주님께 안기라. 우리는 그리스도 안에서 영생을 가진 자이다(요 10:27-29). 영생을 소유한 자는 영원히 멸망하지 않는다.

사람은 고통이라는 힘든 과정을 거친다. 고통은 우리의 서재에서 최악의 책일 수 있다. 하지만 그 고통이 우리를 더 성숙하게 만든다. 이것이 바로 고통이 주는 묘미이다. 그것이 신앙으로 인한 것이라면 더 할 나위 없다.

> "너희 믿음의 확실함은 불로 연단하여도 없어질 금보다 더 귀하여 예수 그리스도께서 나타나실 때에 칭찬과 영광과 존귀를 얻게 할 것이니라(7절)."

시련을 겪은 순수한 믿음은 불로 연단하여도 없어질 금보다 귀하여 예수 그리스도께서 다시 오실 때, 곧 재림의 때에 칭찬과 영광과 존귀를 받게 된다는 것이다.

연단(鍊鍛, test, refine)은 금속을 태워 불순물을 제거하거나 육체 또는 인격, 신앙 등을 단련해 성숙한 상태로 만드는 것을 말한다. 금속은 정제될수록 더 강해진다. 시련이 우리를 연단한다. 연단할수록 순수하지 못한 것(impurity)은 없어지고 순수함(purity)으로 더 강해진다.

연단(dokimazomenou, being refined)을 통해 얻는 것은 믿음의 확실함이다. '믿음의 확실함' 은 확실히 점검된 믿음, 진실성이 입증된 믿음을 가리킨다. 확실함(*dokimion*, proven genuineness)은 신앙의 순도가 그만큼 높음을 말해준다. 금광석 4톤(4000kg)을 정제해야 금 1온스(28g)를 얻는다. 정금을 얻는 것이 얼마나 어려운가를 보여준다.

베드로는 진실성이 입증된 믿음은 불로 연단하여도 없어질 금보다 귀하다 했다. 금보다 귀한 믿음이다. 진실한 믿음일수록 남다르기 때문이다. 믿음의 순도가 높을 때 그 모습에서 주의 형상이 나타난다. 얼마나 귀한가.

예수 그리스도께서 나타나실 때에 칭찬과 영광과 존귀를 얻게 할 것이라 했다. 칭찬은 말할 것 없고, 영광과 존귀를 얻게 된다. 영광과 존귀는 원래 예수님께만 속한 단어이다. 그럼에도 불구하고 이것을 성도에게 적용한 것은 그만큼 높이 평가 받아 마땅하기 때문이다. 시련을 통해 정제되는 그 어려운 과정에서도 하늘의 소망을 잃지 않는 그리스도인이야말로 존귀한 자이다.

필립 얀시(Philip Yancey)가 쓴 책으로 「내가 고통당할 때 하나님은 어디 계십니까?」가 있다. 우리는 고통 가운데 있을 때 가끔 그런 질문을 던지고 싶을 때가 있다. 하지만 C. S. 루이스(C. S. Lewis)는 말한다. "하나님은 우리가 기뻐할 때는 속삭이시고, 분별력이 있을 때는 말씀을 하시지만, 고통당할 때는 소리를 지르신다. 고통은 듣지 못하는 세상을 깨우는 그분의 확성기다." 필립 얀시도 하나님의 확성기로서의 고통의 가치를 높이 평가한다. 하나님은 자녀의 고통에 민감하시기 때문이다.

하나님은 오늘도 불과 같은 시련을 통과한 사람 찾으신다. 정금보다 귀하기 때문이다. 그리스도인의 고난은 고통으로 끝나지 않는다. 성경에서 연단은 고난과 환난, 또는 징계로 이뤄진다. 하지만 연단은 신앙적으로 여러 유익을 가져준다. 정결하게 하고(단 11:35, 12:10), 불순함을 제거하며(말 3:3), 소망을 이루고(롬 5:4), 선악을 분별하게 하며(히 5:14), 의의 평강한 열매를 맺게 한다(히 12:11).

하나님께서는 우리의 믿음을 단련하셔서, 불로 단련하지만 결국 없어지고 마는 금보다 더 귀한 것이 되게 하신다. 그리고 예수 그리스도께서 나타나실 때에 이 믿음을 가진 성도들에게 칭찬과 영광과 존귀를 얻게 해 주신다. 박해는 시련이 분명하지만 이것을 통해 오히려 성도의 믿음은 정금보다 더 귀하다. 세상의 그 어떤 보석보다 더 귀하다. 그뿐 아니다. 주님께서 인정해 주신다. 칭찬과 영광과 존귀를 얻게 하신다. 주님으로부터 인정을 받는 것만큼 귀한 것은 없다.

4. 예수를 사랑하는 이유(8-9절): 영혼의 구원을 받기 때문이다

---

8. 예수를 너희가 보지 못하였으나 사랑하는도다 이제도 보지 못하나 믿고 말할 수 없는 영광스러운 즐거움으로 기뻐하니
9. 믿음의 결국 곧 영혼의 구원을 받음이라

> "예수를 너희가 보지 못하였으나 사랑하는도다 이제도 보지 못하나 믿고 말할 수 없는 영광스러운 즐거움으로 기뻐하니(8절)."

디아스포라 교인들은 예수 그리스도를 본 일이 없다. 그러나 사랑하고 있다. 지금도 보지 못하지만 그분을 믿고 말로 다 표현할 수 없는 영광스러운 기쁨으로 즐거워하고 있다. 교인들에 대한 베드로의 평가다.

베드로는 예수님의 수제자다. 주님을 따르고 함께 생활을 했으면서도, 예수님을 모른다고 부인한 적이 있다(마 26:72). 주님을 보고서도 부인한 것이다. 그것도 세 번씩이나 부인했다. 부활하신 주님이 그를 향해 "네가 나를 사랑하느냐" 질문했다(요 21:15). 그것도 세 번 씩이나 물으셨다.

그 때 베드로의 마음은 어땠을까. 8절의 말씀, "예수를 너희가 보지 못하였으나 사랑하는도다." 어디 그뿐인가. 보지 못했으면서도 주님을 믿고 기뻐한다. 이에 비해 자신의 과거를 비추어 볼 때 부끄러움을 피할 수 없다. 주님에 대한 사랑이 없었던 것은 아닐까. 그래서 믿지 못한 것은 아니었을까. 순간 깊이 깨닫는 바가 있었을 것이다.

베드로가 8절에서 먼저 사랑을 말하고, 그 다음에 믿음과 그 열매를 말하고 있다. 그만큼 예수님과의 관계에서 사랑이 중요한 것을 자신의 경험을 통해 깊이 체험했기 때문이다.

교인들이 보이지 않는 예수를 믿고 사랑하는 것은 믿음 때문이다. 이 믿음은 역경 속에서도 기뻐할 수 있게 한다. 베드로는 그들이 '말할 수 없는 영광스러운 즐거움으로 기뻐한다' 고 말한다. 현재 그들은 말로 다 표현할 수 없는 즐거움과 영광을 누리면서 기뻐하고 있다는 것이다.

'말할 수 없는(*aneklaleto*, inexpressible)' 이란 차원이 너무 높아 인간의 말로는 표현할 수 없음을 나타낸다. 이 기쁨이 최상의 기쁨이라는 뜻이다. 성도들에게 있어서 예수님은 우리 생애의 최고의 기쁨이다. '영광스러운(*dedoxasmene*, glorious)' 이란 '영광으로 가득 찬(filled with glory),' '하나님을 덧입은, 신적인, 천상의' 라는 뜻을 가지고 있다. 이 땅에서 느낄 수 있는 보통 이상의 기쁨이라는 것이다. '즐거움으로 기뻐하니(exult with joy, filled with joy)' 는 이 기쁨을 강조하고 더 강조하는 뜻을 담고 있다. '기쁨(*chara*, joy) 충만' 이다. 이 기쁨은 구원받은 자만이 누릴 수 있는 기쁨이며, 남녀노소 빈부귀천을 막론하고 누구든 누릴 수 있는 기쁨이다.

말할 수 없는 영광스러운 즐거움은 천상의 기쁨, 하늘의 기쁨을 말한다. 믿는 자에게는 기쁨이 있다는 점에서 믿지 않는 사람과 다르다. 우리 마음속에 주님으로 인한 기쁨이 없다면 믿음이 없다는 증거다. 예수를 사랑하면 할수록 더 큰 기쁨을 느낀다. 핍박을 받는다 해도, 그 어떤 어려움을 당한다 해도 그로 인해 더 기뻐한다. 이렇게 할 수 있는 것은 이미 예수님을 사랑하는 본성이 믿음으로 생겨났기 때문이다. 베드로는 고난 가운데서 오히려 즐거워하고 기뻐하라 했다. "오히려 너희가 그리스도의 고난에 참여하는 것으로 즐거워하라 이는 그의 영광을 나타내실 때에 너희로 즐거워하고 기뻐하게 하려 함이라(벧전 4:13)."

베드로의 서신을 받는 이 교인들은 무엇보다 예수님을 보지 못한 사람들이다. 그럼에도 불구하고 이 기쁨을 가지고 있다. 이 기쁨은 예수를 보지 못했지만 주님을 깊이 사랑했다는 특색이 있다. 사랑의 샘에서 길러진 기쁨이다. 주님을 사랑하면 기뻐진다. 주님을 사랑하면 피곤치 않다. 나아가 그들의 기쁨은 비록 예수를 보지 못했지만 그를 믿는 믿음, 곧 예수를 믿음으로서 오는 기쁨이다. 믿으면 기쁨으로 충만 한다.

주님이 부활하셨다는 소식을 들은 도마는 말했다. "내가 그의 손의 못 자국을 보며 내 손가락을 그 못 자국에 넣으며 내 손을 그 옆구리에 넣어 보지 않고는 믿지 아니하겠노라." 그 후 예수님이 제자들 가운데 나타나셨다. 그리고 도마를 향해 "네 손가락을 이리 내밀어 내 손을 보고 네 손을 내밀어 내 옆구리에 넣어 보라 그리하여 믿음 없는 자가 되지 말고 믿는 자가 되라." 하셨다. 도마는 그 자리에서 "나의 주님이시요 나의 하나님이시니이다." 고백했다. 그러자 주님은 말씀하셨다. "너는 나를 본 고로 믿느냐 보지 못하고 믿는 자들은 복되도다(요 20:29)."

베드로 당시 디아스포라 교인들은 주님을 보지 못했다. 하지만 그들은 주님을 사랑하고 믿었다. 그들은 주님이 말씀하신 '보지 못하고 믿는 자의 복'을 소유한 것이다.

> "믿음의 결국(*telos*, outcome) 곧 영혼의 구원(*soterian*, salvation)을 받음이라(9절)."

보지 못한 예수님을 사랑하고 믿으며, 말로 다 표현할 수 없는 즐거움과 영광을 누리면서 기뻐하고 있는 이유가 있다. 그것은 성도들의 영혼이 믿음으로 구원을 받기 때문이다. 성도들은 믿음의 목표(the goal of your faith), 곧 여러분의 영혼의 구원(the salvation of your souls)을 받고 있다는 것이다. 보이지 않는 예수를 믿는 믿음은 장차 영혼이 구원을 받게 되는 결과를 가져온다.

"영혼의 구원을 받음이라"는 구원확신의 기쁨, 하나님의 자녀가 되는 기쁨을 말하고 있다. 이 기쁨이 우리 마음에서 샘처럼 솟아오르는 것은 크게 두 가지 이유이다.

첫째, 예수님의 사랑 때문이다. 예수님의 십자가에서 보여주신 사랑이 우리를 감격케 하고 기쁨을 준다. 사랑은 기쁨이라는 시녀를 데리고 다닌다. 사랑 가운데 주님의 사랑처럼 크고 아름다운 사랑은 없다. 주님은 그 사랑을 우리에게 다 주셨다. 하나님은 오늘도 우리를 붙드시고 사랑하신다. 그것만으로도 우리는 기쁘다. 우리가 그 주님을 사랑한다면 다른 것을 사랑할 수 없다.

크로스비(Fanny Jane Crosby)는 눈이 멀어 보이지 않는 가운데서도 이런 가사를 지었다.

예수를 나의 구주 삼고, 성령과 피로써 거듭나니
이 세상에서 내 영혼이, 하늘의 영광 누리도다.
이것이 나의 간증이요, 이것이 나의 찬송일세.
나사는 동안 끊임없이, 구주를 찬송하리로다.

온전히 주께 맡긴 내 영, 사랑의 음성을 듣는 중에
천사들 왕래 하는 것과, 하늘의 영광 보리로다.

주 안에 기쁨 누림으로, 마음의 풍랑이 잔잔하니
세상과 나는 간곳없고, 구속한 주 만 보이도다.

주님의 기쁨을 누리면 세상은 간곳없고 우리를 구속한 주님만 보이는 기쁨을 얻게 된다.

둘째, 구원의 기쁨, 곧 구원을 받았다는 확신에서 나오는 기쁨이다. 베드로는 이 기쁨이 믿음의 결국, 곧 영혼의 구원을 받았다는 확신에서 나온다고 말하고 있다. 구원을 받은 자는 하나님의 나라에서 주님과 영원히 함께 살게 된다. 그 나라에는 죄도 없고, 고통도 없고, 영적 전투도 할 필요 없는 주님의 나라이다.

"구원을 받음이라." 받음이라는 말은 오랜 격투나 운동 끝에 상을 받는 것에서 나오는 말이다. 최후 승리가 보장된다는 것이다.

그리스도인의 기쁨의 원천은 우리가 구원 받음에 있다. 이미 믿음으로 구원을 받았고, 또 미래에 완성될 영원한 구원을 기다리며 살아가고 있다. 그러므로 현재 당하는 고난은 우리가 받을 영광과 비교할 수 없다. 오히려 고난이 영광이다. 그러므로 고난을 받아도 기뻐할 수밖에 없다.

5. 구원(10-12절):
너희를 위한 것이요 천사들도 살펴보기를 원하는 것이다

---

10. 이 구원에 대하여는 너희에게 임할 은혜를 예언하던 선지자들이 연구하고 부지런히 살펴서
11. 자기 속에 계신 그리스도의 영이 그 받으실 고난과 후에 받으실 영광을 미리 증언하여 누구를 또는 어떠한 때를 지시하시는지 상고하니라
12. 이 섬긴 바가 자기를 위한 것이 아니요 너희를 위한 것임이 계시로 알게 되었으니 이것은 하늘로부터 보내신 성령을 힘입어 복음을 전하는 자들로 이제 너희에게 알린 것이요 천사들도 살펴보기를 원하는 것이니라

> "이 구원에 대하여는 너희에게 임할 은혜를 예언하던 선지자들이 연구하고 부지런히 살펴서(10절)."

이 구원은 바로 성도들에게 내려 주실 은혜(the grace)에 대하여 말한 선지자들이 열심히 찾고 깊이 연구하던 바다. 다시 말해 선지자들이 이 구원을

자세히 살피고 연구하였고, 성도들이 받을 은혜를 예언하였다는 말이다.

10-12절에서 베드로는 구원에 대한 계시가 이미 구약의 선지자들을 통해 주어졌음을 밝히고 있다. 선지자들이 전한 예언의 궁극적인 목적은 예수 그리스도를 통한 인류의 구원 사역이었다.

'연구하고 부지런히 살펴서(searched intently and with the greatest care)'는 선지자들이 받은 구원의 계시는 하나님의 너무도 장엄한 계획(grand design)이었다. 그래서 그들은 광부가 광맥을 찾듯이 기도하고 묵상하며 부지런히 탐구했다. 이처럼 탐구한 대표적인 인물 가운데 하나가 다니엘이다(단 7:16, 9:2, 3).

> "자기 속에 계신 그리스도의 영이 그 받으실 고난과 후에 받으실 영광을 미리 증언하여 누구를 또는 어떠한 때를 지시하시는지 상고하니라(11절)."

그리고 선지자들이 누구에게 또는 어느 때에 이런 일이 일어날 것인지를 연구할 때에, 그들 안에 계신 그리스도의 영, 곧 성령님이 그리스도에게 닥칠 고난과 그 뒤에 올 영광을 미리 증언하여 드러내 주셨다.

'그리스도의 영(the Spirit of Christ)'은 성령을 뜻한다(롬 8:9, 갈 4:6). 그리스도께서 성령을 보내셨고(요 16:7), 성령의 능력으로 사역을 감당하셨기 때문이다(눅 4:14, 18).

'그 받으실 고난(the sufferings of Christ)과 후에 받으실 영광(the glories that would follow)'은 주님이 받으실 고난(*pathemata*, sufferings)과 영광(*doxas*, glories)이다. 그리스도의 고난과 영광은 성경 전체의 주제이자 이 서신의 주요 개념이다. 구약의 선지자들은 메시야의 고난(사 53:2-8)과 영광(사 11:1-5)에 대해 언급했다. 고난은 그리스도 초림 때 성취되었고, 영광은 그리스도의 재림 때 이루어진다.

다음은 관련된 말씀이다. 먼저 고난을 보자.

> "그는 멸시를 받아 사람들에게 버림받았으며 간고를 많이 겪었으며 질고를 아는 자라 마치 사람들이 그에게서 얼굴을 가리는 것 같이 멸시를 당하였고 우리도 그를 귀히 여기지 아니 하였도다 그는 실로 우리의 질고를 지고 우리의 슬픔을 당하였거늘 우리는 생각하기를 그는 징벌을 받아 하나님께 맞으며 고난을 당한다 하였노라 그가 찔림은 우리의 허물 때문이요 그가 상함은 우리의 죄악 때문이라 그가 징계를 받으므로 우리는 평화를 누리고 그가 채찍에 맞으므로 우리는 나음을 받았도다."(사 53:3-5).

> "이 때로부터 예수 그리스도께서 자기가 예루살렘에 올라가 장로들과 대제사장들과 서기관들에게 많은 고난을 받고 죽임을 당하고 제 삼일에 살아나야 할 것을 제자들에게 비로소 나타내시니 베드로가 예수를 붙들고 항변하여 이르되 주여 그리 마옵소서 이 일이 결코 주께 미치지 아니 하리이다. 예수께서 돌이키시며 베드로에게 이르시되 사탄아 내 뒤로 물러가라 너는 나를 넘어지게 하는 자로다 네가 하나님의 일을 생각하지 아니하고 도리어 사람의 일을 생각하는도 하시고."(마 16:21-23).

> "그러나 하나님이 모든 선지자의 입을 통하여 자기의 그리스도께서 고난 받으실 일을 미리 알게 하신 것을 이와 같이 이루셨느니라."(행 3:18).

다음은 영광을 드러내는 말씀이다.

> "이새의 줄기에서 한 싹이 나며 그 뿌리에서 한 가지가 나서 결실할 것이요 그의 위에 여호와의 영 곧 지혜와 총명의 영이요 모략과 재능의 영이요 지식과 여호와를 경외하는 영이 강림하시리니 그가 여호와를

> 경외함으로 즐거움을 삼을 것이며 그의 눈에 보이는 대로 심판하지 아니하며 그의 귀에 들리는 대로 판단하지 아니하며 공의로 가난한 자를 심판하며 정직으로 세상의 겸손한 자를 판단할 것이며 그의 입의 막대기로 세상을 치며 그의 입술의 기운으로 악인을 죽일 것이며 공의로 그의 허리띠를 삼으며 성실로 그의 몸의 띠를 삼으리라."(사 11:1-5).

베드로는 한 때 주님이 받으실 고난을 만류하다가 주님으로부터 질책을 당한 적이 있었다(마 16:22, 23). 그러나 이제는 성령의 인도하심으로 인해 고난의 참뜻을 이해하게 되었다. 성도들도 고난에 동참함으로써 영광에 이르게 된다.

> "이 섬긴 바가 자기를 위한 것이 아니요 너희를 위한 것임이 계시로 알게 되었으니 이것은 하늘로부터 보내신 성령을 힘입어 복음을 전하는 자들로 이제 너희에게 알린 것이요 천사들도 살펴보기를 원하는 것이니라(12절)."

선지자들의 이런 사역은 자신들을 위한 것이 아니라 바로 성도 여러분을 위한 것임을 하나님께서 그들에게 알려 주셨다. 그리고 그들이 연구한 진리는 하나님께서 보내신 성령님의 도움으로 복음, 곧 기쁜 소식을 전하는 사람들(those who have preached the gospel)에 의해 성도 여러분에게 알려졌다. 이것은 천사들도 알기를 원하는 것이다.

'계시로'는 문자적으로 '계시된 것(*apekalyphthe*, it was revealed)'으로, 계시를 통해 알려졌음을 말한다.

'천사들도 살펴보기를'에서 '살피다(*parakypsai*, look)'는 '고개를 숙여 자세히 보다,' '밖에서 비스듬히 구부려 안을 들여다보다'는 뜻이다. 인간 구원에 대한 천사들의 관심을 나타내는 말이다. 구원이 너무 놀라워 발꿈치를 들고, 몸을 숙이고 보고자 한 것이라는 말이다.

하지만 천사들은 구원 사역의 밖에 있는 존재들이다. 구원은 천사들을 위한 것이 아니라 인간을 위한 것이다(히 2:16).

구원에 관한 선지자들의 예언은 예수 그리스도의 복음을 받아들인 성도들을 위한 것이었다는 것이다. 구원의 계시는 천사들에게조차 완전히 알려지지 않았다(롬 8:19). 그러나 성도들에게는 계시되었다. 이 점에서 그리스도인의 독특성이 드러나 있다. 구원은 천사들도 부러워하는 것이자 천사들도 살펴보기를 원하는 바였다. 그러므로 너희가 가진 특권이 무엇인지 알고 거룩 하라는 것이다. 무엇이 우리를 거룩하게 하는가? 피의 복음, 그 복음의 능력이 우리를 거룩하게 한다.

하나님이 약속하신 구원의 희망은 근거가 없는 것이 아니라 이미 구약시대 때부터 증거된 것으로 천사들도 갈망하는 확실한 것이다.

6. 거룩하라(13-16절):
마음의 허리를 동이고 모든 행실에 거룩하라

---

13. 그러므로 너희 마음의 허리를 동이고 근신하여 예수 그리스도께서 나타나실 때에 너희에게 가져다주실 은혜를 온전히 바랄 지어다
14. 너희가 순종하는 자식처럼 전에 알지 못할 때에 따르던 너희 사욕을 본받지 말고
15. 오직 너희를 부르신 거룩한 이처럼 너희도 모든 행실에 거룩한 자가 되라
16. 기록되었으되 내가 거룩하니 너희도 거룩할 지어다 하셨느니라.

"그러므로 너희 마음의 허리를 동이고 근신하여 예수 그리스도께서 나타나실 때에 너희에게 가져다 주실 은혜를 온전히 바랄 지어다(13절)."

'그러므로 성도 여러분은 마음을 단단히 가다듬고 정신을 바짝 차리고 예수 그리스도께서 다시 오실 때에 주실 은혜, 곧 여러분이 받을 은혜를 간절히 기다리십시오.'

이 말씀은 산 소망을 가진 그리스도인이 앞으로 어떻게 살아야하는가를 보여주는 대목이다. 베드로는 1장 후반 절을 통해 산 소망에 합당한 생활을 하라고 한다. 하나님의 은혜로 말미암아 주어진 성도의 절대적인 특권인 구원에 대하여 논한 베드로는 이제 이에 상응하여 성도가 마땅히 취해야 할 태도, 곧 성도의 의무에 대해 언급하고 있다. 그는 먼저 거룩한 삶을 주문한다. 이를 위해 우리가 먼저 해야 할 일이 있다.

'그러므로(*dio*, therefore)' 는 아래에 언급되는 긍정적인 것을 '하라' 는 것이다. 이 말씀은 우리가 앞으로 지금과는 아주 다른 삶을 우리 스스로 준비해야 한다는 것을 가르쳐 준다.

첫째, 마음의 허리를 동인다(prepare your minds for action). 허리(*osphyas*, loins)를 동이는 것(*anazosameno*i, being girdled up)은 어떤 중요한 행동을 하기 위해 마음(*dianoias*, minds)으로 단단히 준비하는 것을 가리킨다. 그 행동을 실천하기 위한 민첩성 또는 근면성을 상징하는 표현이기도 하다. 베드로는 거룩함을 강조하고자 하기 때문에 이 행동은 거룩을 위한 준비행동, 마음가짐, 태도 모두를 포함한다. 성도는 마음속에 세상적인 생각을 피하고 그리스도 재림 때 있을 구원의 완성만을 소망하며 '온 마음을 다 기울여' 성결한 생활을 할 각오를 단단히 하는 것이다. 마음의 허리띠를 졸라매라. 언제나 거룩하게 행동하도록 준비하라.

둘째, 근신한다(*nephontes*, being sober-minded, be self-controlled). 근신은 절제생활을 뜻하는 말로, 베드로전서 4:17, 5:8에도 강조되어 있다. 게으름이 아니라 마음의 통제가 필요하다는 것이다. 근신을 위해서는 영적으로 선명하게 초점을 맞출 필요가 있다. 하나님께 주파수를 맞추며 영적 판단을 흐리게 하는 것으로부터 벗어나는 것이다. 거룩함은 영적 스탠드바이(spiritual standby) 상태다. 철저히 준비되지 않으면 무너질 수 있다.

이 두 가지는 거룩한 영적인 몸만들기의 준비 단계라 할 수 있다. 성도는 자기를 깨끗하게 하며 하나님께 쓰임 받을 준비가 되어 있어야 한다. 다음은 어떤 준비를 해야 하는지를 잘 가르쳐주고 있다.

> "그러므로 형제들아 우리가 끝으로 주 예수 안에서 너희에게 구하고 권면하노니 너희가 마땅히 어떻게 행하며 하나님을 기쁘시게 할 수 있는지를 우리에게 배웠으니 곧 너희가 행하는 바라 더욱 많이 힘쓰라 우리가 주 예수로 말미암아 너희에게 무슨 명령으로 준 것을 너희가 아느니라 하나님의 뜻은 이것이니 너희의 거룩함이라 곧 음란을 버리고 각각 거룩함과 존귀함으로 자기의 아내 대할 줄을 알고 하나님을 모르는 이방인과 같이 색욕을 따르지 말고 이 일에 분수를 넘어서 형제를 해하지 말라."(살전 4:1-6).

> "그런즉 서서 진리로 너희 허리띠를 띠고 의의 호심경을 붙이고 평안의 복음이 준비한 것으로 신을 신고 모든 것 위에 믿음의 방패를 가지고 이로써 능히 악한 자의 모든 불화살을 소멸하고 구원의 투구와 성령의 검 곧 하나님의 말씀을 가지라 모든 기도와 간구를 하되 항상 성령 안에서 기도하고 이를 위하여 깨어 구하기를 항상 힘쓰며 여러 성도를 위하여 구하라."(엡 4:14-18).

> "주를 향하여 이 소망을 가진 자마다 그의 깨끗하심과 같이 자기를 깨끗하게 하느니라."(요일 3:3).

거룩은 주님을 닮아가는 것이다. 우리가 예수님의 삶의 모범을 따라 살고, 내 안에 계신 주님의 인도하심에 따라 사는 것이 바로 우리가 거룩한 삶을 사는 것이다.

> "너희가 순종하는 자식처럼 전에 알지 못할 때에 따르던 너희 사욕을 본받지 말고(14절)."

성도 여러분이 전에는 몰라서 온갖 욕심을 따라 살았지만 이제는 순종하는 자녀답게 하나님의 말씀에 복종하라는 것이다.

'순종하는 자식처럼(*hos tekna hypakoes*, as children of obedience)' 에서 자식은 믿음의 자식을 말한다. 하나님과 성도의 관계는 아버지와 자녀의 관계이다. 그래서 우리는 '하늘에 계신 우리 아버지(마 6:9)' 를 향해 기도할 수 있다. 이것은 우리는 그리스도 안에서 한 가족임을 보여준다. '순종하는 자식처럼' 은 재림을 기다리는 성도로서 순종의 삶의 자세를 가지고 살아야 한다는 것을 말하고 있다. 순종은 하나님이 거룩하신 것처럼 성도들도 그의 거룩하심을 본 받으려는 마음의 결단이다. 육신의 자녀도 부모로부터 선물을 받으면 그에 감사하여 더욱 더 순종하는 삶을 살기 마련이다. 마찬가지로 하나님의 구원을 약속받은 성도는 그분이 기뻐하시는 삶을 살아야 한다. 자녀가 아버지의 뜻을 따르듯 하나님의 말씀에 마땅히 순종해야 한다.

이 말씀은 순종하는 제자로서 자기를 확고히 할 것을 경고하는 말씀이다. 하나님의 말씀에 순종하는 자는 자기의 속사람을 살피며 살아야 한다. 무엇보다 전처럼 온갖 사욕(*epithymiais*, the desires), 곧 잘못된 여러 욕심(evil desires)과는 결별된 삶을 살아야 한다. 욕심에 따라 살았던 과거로 돌아가지 말라는 것이다.

> "오직 너희를 부르신 거룩한 이처럼 너희도 모든 행실에 거룩한 자가 되라(15절)."

여러분을 불러주신 그 거룩하신 분을 따라 모든 행실을 거룩하게 하라는 말씀이다. 욕심에 따라 살았던 여러분을 성도로 부르신 하나님이 거룩하신 것처럼 성도 여러분도 모든 행동에 거룩한 사람이 되라는 것이다.

베드로는 여기서 성도의 경건을 강조하고 있다. 산 소망이 있는 자는 거룩한 생활, 곧 성결의 생활을 해야 한다는 것이다. 성도들 자신이 거룩한 나라의 성별된 백성이기 때문이다. 그리스도인의 삶은 하나님 안에서, 그리고 그 앞에서 사는 삶이다. 따라서 모든 행실에 거룩할 필요가 있다. 거룩함은 작은 것, 사소한 것부터 출발한다. 거룩함은 하나님을 의식하며 사는 아름다운 싸움이다.

> "기록되었으되 내가 거룩하니 너희도 거룩할 지어다 하셨느니라(16절)."

성경에도 '내가 거룩하니 너희도 거룩하여라(레 11: 45).' 고 쓰여 있다.

거룩하다(hagios, holy)는 말은 광채에서 비롯된 것으로, '다르다,' '구별되었다' 는 뜻을 가지고 있다. '과거와는 다르다,' '어둠의 것으로부터 구별되었다' (set a part from), 곧 새로워졌다는 것을 의미한다. 이미 새로운 존재로 창조되었으므로 앞으로는 새로운 존재로 살아야 한다는 것을 의미한다.

'너희도 거룩할 지어다(*hagioi esesthe*, holy you shall be, be holy)' 는 죄와 부정으로부터 분리되어 하나님께로 속하라는 말씀이다. 전과는 완전히 구별된 삶을 사는 것이다. 성도가 여러 곳에 흩어져 살고 있다 할지라도 이방인들의 죄와 불결한 삶에 오염되지 않고 영적으로나 윤리적으로 깨끗하게 구별된 생활을 하라는 것이다. 죄로 오염된 세상을 사는 동안 성도 역시 죄의 유혹을 받지 않을 수 없기 때문이다(히 3:13).

거룩한 성전은 다른 건물과 다르다. 거룩한 안식일은 다른 날과 다르다. 거룩한 자녀는 다른 사람과 다르다. '내가 거룩하니 너희도 거룩하라.' 는 것은

'나,' 곧 주님을 닮으라는 것이다. 우리가 주님을 닮아 가면 세상을 바꾸게 된다. C. S. 루이스는 말한다. "사람들은 거룩함을 지루한 것으로 생각한다. 하지만 거룩함의 진정성을 안다면 놀라운 일이 벌어진다. 인류 10%가 거룩해 진다면 세상은 달라진다."

> "여호와의 이름에 합당한 영광을 그에게 돌릴 지어다 제물을 들고 그 앞에 들어갈 지어다 아름답고 거룩한 것으로 여호와께 경배할지어다" (대상 16:29).

7. 대속함을 받은 것(17-19절): 그리스도의 보배로운 피로 된 것이다

17. 외모로 보시지 않고 각 사람의 행위대로 심판하시는 이를 너희가 아버지라 부른즉 너희가 나그네로 있을 때를 두려움으로 지내라
18. 너희가 알거니와 너희 조상이 물려 준 헛된 행실에서 대속함을 받은 것은 은이나 금 같이 없어질 것으로 된 것이 아니요
19. 오직 흠 없고 점 없는 어린 양 같은 그리스도의 보배로운 피로 된 것이니라

> "외모로 보시지 않고 각 사람의 행위대로 심판하시는 이를 너희가 아버지라 부른즉 너희가 나그네로 있을 때를 두려움으로 지내라(17절)."

각 사람이 행한 대로 공정하게 심판하시는 분을 아버지라고 부른다면 성도 여러분은 이 세상에서 나그네 생활을 하는 동안 두려운 마음으로 살아가야 한다는 것이다. 다시 말해 공의로운 재판장이신 하나님의 자녀가 되려면 이 세상에서의 행위가 깨끗해야 한다는 말이다.

하나님은 사람을 겉모양으로 판단하지 않으신다. 나아가 하나님은 각 사람의 행위대로 심판하시는 분이시다. '각 사람의 행위(*to hekastou ergon*, each man's work)대로' 는 각 사람의 행동, 특히 성도들의 믿음 행위를 말한다. 성도들은 항상 하나님을 경외하는 마음을 가지고 이 땅의 나그네로서의 생활 가운데서 천국시민다운 행위를 나타내야 한다. 베드로는 하나님의 공의에 대해 다음과 같이 말한 바 있다. "베드로가 입을 열어 말하되 내가 참으로 하나님은 사람의 외모를 보지 아니하시고 각 나라 중 하나님을 경외하며 의를 행하는 사람은 다 받으시는 줄 깨달았도다(행 10:34, 35)."

'나그네(*paroikias*, strangers, the sojourn)' 는 베드로가 이 서신에서 자주 사용하는 말이다. 베드로는 영원한 나라에 대한 소망을 강조하면서 이 세상의 삶을 나그네의 삶에 비유하였다.

'두려움으로 지내라(*en pobo*, in fear)' 는 것은 공포가 아니라 하나님께 대한 경외심(reverence)을 가지고 살라는 말이다. 거룩한 두려움(reverent fear, holy fear)이다. 이 두려움을 가진 사람은 하나님을 경외하며 산다. 온 마음과 뜻과 정성을 다해 하나님을 사랑하고 존중한다. 잠언 기자는 하나님에 대한 경외심은 지혜의 근본임을 밝히고 있다(잠 1:7, 8:13, 16:6).

왜 하나님을 경외해야 할까? 첫째, 인생은 짧고(약 4:14) 우리는 모두 하나님께 돌아가야 할 존재이다. 이 땅의 삶이 모두가 아니다. 주님과 함께 하는 영원한 삶이 우리를 기다리고 있다. 둘째, 하나님은 심판주이시기 때문이다. 성도는 믿음가운데 살기 때문에 심판대에서 믿지 않는 자와 다른 상태에 처하게 된다. 주님은 우리의 믿음에 따라 상을 주신다. 그렇다 해도 하나님 앞에서는 자신을 낮추고 겸손할 필요가 있다. 끝으로, 무엇보다 중요한 사실은 예수 그리스도를 이 땅에 보내시어 우리를 대속하셨기 때문이다. 이 한 가지만 생각하더라도 하나님을 경외해야 할 이유는 충분하다.

"너희가 알거니와 너희 조상이 물려 준 헛된 행실에서 대속함을 받은 것은 은이나 금 같이 없어질 것으로 된 것이 아니요(18절)."

'성도 여러분도 알고 있겠지만 여러분이 조상들이 전해 준 헛된 행실, 곧 무가치한 생활 방식에서 해방된 것은 은이나 금과 같이 없어질 것으로 된 것이 아닙니다.'

'조상이 물려 준 헛된 행실' 은 그리스도를 믿기 이전의 무가치한 행위를 가리킨다. 조상의 전통이라는 구속을 받아 헛된 생활을 하는 것(엡 2:1-3), 곧 결국 죄 속에 헤맬 수밖에 없는 율법아래서의 삶을 가리킨다(롬 6:23, 9:5).

'헛된 행실에서' 는 문자적으로 '헛된 것으로부터(*ek tes mataias*, from the futile)' 이다. 헛된 것은 거짓되고, 어리석은 삶의 것들을 말한다. 무의식의 틀, 거짓된 신념, 허구 등이 이에 해당한다. 이런 것으로부터 해방되어야 한다. 구속받은 새로운 공동체, 구원 받은 사회가 되어야 한다.

대속함, 곧 구속을 받은 것(*elytrothete*, you were redeemed)은 두 가지 의미가 있다. 하나는, 율법의 저주로부터 해방되었다는 것이다. 다른 하나는, 죄의 대가를 지불했다는 것이다. 속전을 지불하고 노예생활에서 해방되듯, 그리스도는 그의 피로써 속전을 지불하고 우리를 죄의 노예 생활에서 해방시켜 주셨다. 대속함을 받은 것은 조상들로부터 물려받은 헛된 행실, 곧 거짓된 삶으로부터 해방을 위한 것이다. 구속 받은 결과 우리는 죄에 대해 용서함을 받았고(골 1:14), 칭의, 곧 의롭다 칭함을 얻었다(롬 3:24). 주님이 우리를 위해 엄청난 값을 지불했기 때문에 가능해졌다. 금이나 은 같이 없어질 것으로(*phthartois*, by perishable things), 돈이나 물질로 구원받은 것이 결코 아니다.

"오직 흠 없고 점 없는 어린 양 같은 그리스도의 보배로운 피로 된 것이니라(19절)."

'우리가 대속함을 받게 된 것은 흠과 티가 없는 어린 양 같은 그리스도의 보배로운 피(*timio haimati*, the precious blood)로 된 것이지 은이나 금과 같이 없어질 것으로 된 것이 아니다.'

베드로는 하나님이 인간을 구원하시기 위해 '그리스도의 보혈'이라는 엄청난 대가를 치렀음을 상기시키고 있다. 이 피는 흠 없고 점 없는 어린양의 피다. 흠이 없다(*amomou*, without blemish)는 것은 윤리적으로 완전함을 뜻한다. 이것은 그리스도의 죄 없으심을 가리킨다. 점(*aspilou*, without spot)이 없다는 것은 희생 제물로 드리기에 결점(defect)이 전혀 없는, 온전한 것을 가리킬 때 사용되는 말이다(출 12:5, 레 22:17-25). 죄가 없으신 주님이 우리를 대속하기 위해 막대한 희생을 치룬 것이다. 그 희생은 전에도 없었고, 후에도 없을 희생이다. 우리가 얻은 대속은 그 희생의 대가로 얻어졌음을 잊어서는 안 된다.

따라서 베드로는 이에 근거해 구원받은 성도는 그분이 기뻐하시는 삶을 살아야 하며, 그리스도인으로서의 삶의 행실이 참으로 거룩해야 한다는 점을 일깨워주고 있다. 죄로 오염된 세상을 사는 동안 성도 역시 죄의 미혹을 받지 않을 수 없기 때문이다(히 3:13).

8. 그리스도(20-21절): 그리스도의 선재성과 우리 믿음과 소망의 근거

---

20. 그는 창세전부터 미리 알린바 되신 이나 이 말세에 너희를 위하여 나타내신바 되었으니
21. 너희는 그를 죽은 자 가운데서 살리시고 영광을 주신 하나님을 그리스도로 말미암아 믿는 자니
    너희 믿음과 소망이 하나님께 있게 하셨느니라

"그는 창세전부터 미리 알린바 되신 이나 이 말세에 너희를 위하여 나타내신바 되었으니(20절)."

'하나님께서는 세상을 창조하시기 전에 미리 아셨고(*proegnosmenou*, foreknown, NASB) 마지막 때에 여러분을 위해 나타나게 하셨다.' 그리스도를 미리 아셨음을 미리 선택하심(chosen, NIV, foreordained, KJV)으로 해석하기도 한다.

'창세전부터 미리 알린바 되신 이'는 '모든 일을 그의 뜻의 결정대로 일하시는 이의 계획을 따라(엡 1:11)' 예수님께서 이 땅에 오셨음을 말한다. 이것은 그리스도의 선재(先在)하심을 가리키는 말로 창세전부터 인간의 타락을 예지하시고 예수 그리스도를 대속자로 예비해 두셨음을 의미한다. '창세전부터'는 구속 사역이 역사 이전에 예비 되었음을 말해준다. 사도 요한은 요한복음 1:1에서 "태초에 말씀이 계시느니라"는 말씀을 통해 그의 선재하심을 증거 하였다. 요한복음 8:58에서도 "아브라함이 나기 전부터 내가 있었느니라" 하셨다. 이 모두 그의 선재성을 드러내고 있다.

어떤 이는 그리스도를 가리켜 '하나님의 아들(막 1:1)'이라 하기 때문에 성자는 성부에게서 탄생한 것이지 영원 전부터 존재한 것은 아니며 심지어 성부 하나님보다 열등한 존재일 것이라고 생각한다. 하지만 '하나님의 아들'이라는 명칭은 하나님과 동등한 분이시되 사역은 달리 하시기 때문에 붙여진 칭호일 뿐이다(요 5:18).

성자 예수는 영원 전부터 계셨고, 성부 하나님과 함께 영화를 누리셨으며(요 17:5), 창조 사역에도 함께 동참하셨다(요 1:3). "만물이 그로 말미암아 지은 바 되었으니 지은 것이 하나도 그가 없이는 된 것이 없느니라(요 1:3)." 그럼에도 불구하고 세상은 그를 알지 못했다. "그가 세상에 계셨으며 세상은 그로 말미암아 지은 바 되었으되 세상이 그를 알지 못하였고(요 1:10).”

'이 말세(*eschatou ton chronon*, the last times)' 는 예수님의 초림에서 재림 사이의 기간을 말한다(행 2:17, 히 1:2, 약 5:3). 인류에 대한 하나님의 구원 사역이 마무리 되어 가는 기간이다. 하나님이 말세에 그리스도를 나타내셨다는 것은 그리스도의 죽음과 부활사건이 역사의 완성임을 암시해준다. 이러한 사실은 고통당하는 성도에게 희망을 준다.

> “너희는 그를 죽은 자 가운데서 살리시고 영광을 주신 하나님을 그리스도로 말미암아 믿는 자니 너희 믿음과 소망이 하나님께 있게 하셨느니라(21절).”

'여러분은 하나님이 죽은 사람들 가운데서 다시 살려 영광스럽게 하신 그리스도를 통해 하나님을 믿게 되었다. 그래서 그분에게 여러분의 믿음(*pistin*, faith)과 희망(*elpida*, hope)을 두고 있다.'

베드로는 예수 그리스도를 통해(through Him) 하나님을 믿게 되었음을 확고히 했다. 그 하나님은 십자가에 달리신 예수를 죽음에서 살리시고(*egeiranta*, having raised up) 부활의 영광(*doxan*, glory)을 누리게 하신 분이다. 우리는 그 하나님을 신뢰하고 믿는다.

그로 인해 우리도 하나님께 소망을 두고 있다. 그 소망은 현세의 소망(마 7:7-11)도 있지만 무엇보다 영원한 소망을 갖게 한다. 그 소망은 장래의 소망이요 천국의 소망(요 14:2-3)이며 부활의 소망(빌 3:20-21)이다

베드로는 이 구원이 하나님만이 베푸실 수 있는 놀라운 구원임을 강조하고, 하나님에 대한 믿음과 소망을 가지도록 했다. 그리스도인은 우리를 향한 하나님의 그 크신 은혜를 항상 기억하고 믿음에 굳게 서서 소망 없는 자처럼 살지 않아야 한다. 하나님은 우리에게 둘도 없는 은혜를 주셨다. 우리 모두는 베푸

신 그 은혜를 붙드는 자가 되어야 한다. 하나님의 은혜와 연합하고 그 은혜 위에 굳게 서야 한다. 주님만이 우리 믿음의 주요 온전케 하시는 분이기 때문이다. 그분이 바로 믿음의 원천이요 소망이다.

9. 형제 사랑(22-23절): 마음으로 뜨겁게 서로 사랑하라

22. 너희가 진리를 순종함으로 너희 영혼을 깨끗하게 하여 거짓이 없이 형제를 사랑하기에 이르렀으니 마음으로 뜨겁게 서로 사랑하라
23. 너희가 거듭난 것은 썩어질 씨로 된 것이 아니요 썩지 아니할 씨로 된 것이니 살아 있고 항상 있는 하나님의 말씀으로 되었느니라

> "너희가 진리를 순종함으로 너희 영혼을 깨끗하게 하여 거짓이 없이 형제를 사랑하기에 이르렀으니 마음으로 뜨겁게 서로 사랑하라(22절)."

'성도 여러분은 진리에 순종하여 자신의 영혼을 깨끗하게 하였고 진심으로 형제를 사랑하게 되었으니 순결한 마음으로 서로 뜨겁게 사랑하시기 바란다.'

'깨끗하게 하여(*hegnikotes*, having purified),' 하나님의 말씀인 진리(*tes aletheias*, the truth)에 순종함(*hypakoe*, obedience)으로 인해 영혼이 정결하게 되었음을 말한다. 순종하는 삶은 순결과 사랑의 열매를 맺는다. 즉 진리에 순종함으로써 마음이 깨끗해지고 꾸밈없이 형제를 사랑할 수 있다.

'거짓이 없이 형제를 사랑하기에 이르렀으니.' 여기서 사랑은 형제애(*philadelphian*, brotherly love)를 뜻한다. 그들에게 요구되는 가장 우선적인 것은 형제들에 대한 거짓 없는(*anypokriton*, sincere) 사랑, 곧 진솔한 사랑을

지속하는 것이다. 이 사랑은 허다한 죄를 덮는다. 우리가 다른 존재가 되었다면 어떤 행동으로 다름을 보여줄 수 있는가? 그것은 형제를 사랑하는 것이다. 성도 사이의 사랑을 강조하는 것은 근본 죄인이었던 우리가 독생자를 죽음에 내어 주시기까지 한 하나님의 큰 사랑을 입음으로써 대신 생명을 얻는 사랑의 빚을 졌기 때문이다(롬 13:8).

'마음으로 뜨겁게 서로 사랑하라.' 여기서 사랑(*agapesate*, love)은 아가페 사랑이다. 그것도 마음의 순결함(*katharas*, purity)에서 나온 사랑이다. 순결한 마음으로 아가페 사랑을 한다. 그것도 서로(*allelous*, one another), 그리고 뜨겁게(*ektenos*, fervently) 사랑한다. 상호교류가 없는 일방적인 사랑도 아니고, 미지근하고 형식적인 사랑도 아니다. 과거에 우리는 형제를 비난하고 판단하고 상처를 주었지만 이제는 하나님이 주시는 아가페 사랑으로 훈련하고 다듬어져 우리의 삶에서 차원이 다른 사랑을 보여주어야 한다. "너희가 서로 사랑하면 이로써 모든 사람이 너희가 내 제자인 줄 알리라"(요 13:35).

> "너희가 거듭난 것은 썩어질 씨로 된 것이 아니요 썩지 아니할 씨로 된 것이니 살아 있고 항상 있는 하나님의 말씀으로 되었느니라(23절)."

'여러분이 거듭난 것은 썩어질 씨로 된 것이 아니라 썩지 않을 씨로 된 것이며 영원히 살아있는 하나님의 말씀으로 된 것이다.'

'거듭났다(*anagegennemenoi*, having been born again)' 는 것은 성도 여러분이 영적으로 다시 태어났다는 말이다. 사랑하는 삶은 거듭남으로써 가능해지기 때문이다. 성도의 거듭남은 성령님의 직접적인 사역으로 이뤄진다(딛 3:5).

이 거듭남은 썩을 씨(perishable seed)로 그렇게 된 것이 아니라 '썩지 않을 씨(*sporas aphthartou*, imperishable seed),' 곧 살아 계시고 영원하신 하나님의 말씀으로(*dia logou*, by the word) 그렇게 되었다. 베드로는 성도의 거듭남은 하나님의 말씀으로 된 것임을 강조하였다. 성령님께서 사역하실 때 도구로 사용하시는 것이 바로 하나님의 말씀인 성경이기 때문이다(약 1:18). 따라서 하나님의 말씀을 접하지 않고서는 결코 거듭날 수 없다. 살아있고(*zontos*, living), 항상 있는(*menontos*, abiding) 하나님의 말씀을 붙들면 고난의 자리에서도 성령님께서 함께 하시고 우리를 변화시키신다. 하나님 말씀이 성도의 거듭남에 중요한 역할을 한다는 것을 잊어서는 안 된다.

10. 너희에게 전한 복음(24-25절): 오직 주의 말씀은 세세토록 있도다

24. 그러므로 모든 육체는 풀과 같고 그 모든 영광은 풀의 꽃과 같으니 풀은 마르고 꽃은 떨어지되
25. 오직 주의 말씀은 세세토록 있도다 하였으니 너희에게 전한 복음이 곧 이 말씀이니라

> "그러므로 모든 육체는 풀과 같고 그 모든 영광은 풀의 꽃과 같으니 풀은 마르고 꽃은 떨어지되(24절)."

'모든 육체(*sarx*, flesh)는 풀(*chortos*, grass)과 같고, 그 모든 영광은 풀의 꽃(*anthos*, flower)과 같다. 풀은 마르고 꽃은 떨어진다.'

베드로는 성경에 기록된 말씀을 들어 말한다. 이 말씀은 이사야 40:6에 기록된 것으로, '모든 육체는 풀이요 그의 모든 아름다움은 들의 꽃과 같으니'라 하였다. 모든 육체는 풀과 같고, 그 모든 영광은 풀의 꽃과 같다.

나아가 '풀은 마르고(*exeranthe*, wither) 꽃은 떨어지되(*exepesen*, fall away)' 라 하였다. 이것은 이사야 40:8 상반절을 인용한 것이다. 이사야서에는

'풀은 마르고 꽃은 시드나' 로 되어있다. 시편 저자도 '인생은 그 날이 풀과 같으며 그 영화가 들의 꽃과 같도다(시 103:14)' 하였다. 풀이 한창 푸르고 꽃은 피어 아름답다. 그 모습이 영원할 것 같지만 결코 그렇지 못하다. 풀은 마르고 꽃은 떨어진다. 허무하기 그지없다.

> "오직 주의 말씀은 세세토록 있도다 하였으니 너희에게 전한 복음이 곧 이 말씀이니라(25절)."

'그러나 주의 말씀은 영원히 존재한다.' 원문을 보면 '오직 주의 말씀은' 앞에 '그러나(*de*, but)' 가 있다. 풀은 마르고 꽃은 떨어지지만 주님의 말씀은 영원히 있다(abide to the age, stand forever)는 것이다. 주의 말씀은 영원하고, 영원히 존재한다.

'오직 주의 말씀(*rhema*, the word)은 세세토록 있도다' 는 이사야 40:8 하반절을 인용한 것이다. '우리 하나님의 말씀은 영원히 서리라' 라 하였다. 하나님의 말씀은 풀과 같은 인생과는 달리 영원하다는 것이다.

베드로는 '너희에게 전한 복음이 곧 이 말씀이니라' 하였다. 사도들이 성도 여러분에게 전한 복음, 곧 기쁜 소식은 바로 하나님의 말씀라는 것이다. 복음은 하나님의 말씀이고, 이 말씀은 영원하다. 그러므로 복음의 말씀을 굳게 믿고 지키라 베드로는 권고하고 있다.

흩어져 있는 성도들을 향한 베드로의 권고 안에는 '거룩한 삶을 살라,' '하나님을 의식하며 살라,' '하나님의 사랑을 잊지 말고 서로 사랑하며 살라,' '공허한 삶을 본받지 말고 하나님의 말씀을 믿고 살라' 는 여러 당부들이 포함되어 있다. 그리스도인은 생각을 허망한 데 두며 살지 않는다(롬 1:16-25). 오늘도 살아계신 하나님, 그 영원한 말씀을 신뢰하며 사는 귀한 존재들이다.

베드로전서 2장

1. 버릴 것과 사모해야 할 것(1-3절):
모든 악독과 기만을 버리고 신령한 젖을 사모하라

---

1. 그러므로 모든 악독과 모든 기만과 외식과 시기와 모든 비방하는 말을 버리고
2. 갓난아기들 같이 순전하고 신령한 젖을 사모하라 이는 그로 말미암아 너희로 구원에 이르도록 자라게 하려 함이라
3. 너희가 주의 인자하심을 맛보았으면 그리하라

> "그러므로 모든 악독과 모든 기만과 외식과 시기와 모든 비방하는 말을 버리고(1절)."

'그러므로 성도 여러분은 모든 악한 생각과 속임수와 위선과 시기와 온갖 비방을 버리라.' 는 것이다. 베드로는 여기서 거듭난 성도가 버려야 할 것들을 예시하고 있다. 이것은 1장에서 언급한 성도의 거룩한 삶의 계속임을 보여준다. '그러므로(*oun*, therefore)' 는 이어지는 부정적인 것들을 버리라는 말이다. 크게 다섯 가지가 거론되고 있다.

첫째, 모든 악독(*pasan kakian*, all malice)이다. 이것은 모든 악한 생각, 모든 악의를 말한다.

둘째, 모든 기만(*panta dolon*, all deceit), 곧 온갖 속임수다. 기만은 개역한글번역에서는 '궤휼' 이라 했다. 헬라어로 '돌로스(*dolos*)' 다. '미끼' 라는 뜻이다. 남을 미끼로 속여서, 해치고 자신의 유익을 추구하는 간사한 꾀를 가리킨다. 교활(cunning), 변절(treachery), 궤사 등으로 번역되기도 한다.

셋째, 외식(*hypokriseis*, hypocrisy)이다. 이것은 위선을 뜻한다.

넷째, 시기(*phthonous*, envies)다. 단순한 부러움을 넘어 시기하고 질투하는 것이다.

끝으로, 모든 비방하는 말(*pasas katalalias*, all evil speaking)이다. 이것은 다른 성도들을 향한 온갖 비방과 중상모략(slander of every kind)의 말을 말한다.

베드로는 이 같은 행위들을 버리라 했다. 왜 이런 것들을 버리라 했을까? 이 모든 것들은 형제사랑에 방해되는 요소이기 때문이다. 따라서 그리스도인은 생각뿐 아니라 말과 입도 훈련시켜 죄를 짓지 않아야 한다. 거듭난 자는 형제를 사랑하는 자이지 시기하고 미워하는 자가 아니다.

> "갓난아기들 같이 순전하고 신령한 젖을 사모하라 이는 그로 말미암아 너희로 구원에 이르도록 자라게 하려 함이라(2절).

'갓난아기들처럼 순수하고 신령한 젖을 사모하라. 그리하면 여러분은 그것을 먹고 자라서 구원에 이르게 된다.'

'갓난아기들 같이 순전하고 신령한 젖을 사모하라.' 갓난아이들이 먹을 수 있는 유일한 음식은 엄마의 젖이다. 배고픈 아이는 그 젖(*gala*, milk)을 애타게 찾는다. 갈망이다. 마찬가지로 성도는 순수하고 신령한 말씀의 젖을 사모해야 한다. '순전하고(*adolon*, pure)' 는 앞서의 '기만' 과는 반대되는 것으로 속임수 없이 순수한 것을 뜻하는 말이다. '신령한(spiritual)' 은 문자적으로 '합당한(*logikon*, reasonable)' 이란 뜻을 가지고 있다. 꼭 먹어야 하는 것이라는 말이다. 아이가 애타게 젖을 갈망하여 찾듯 성도들도 애타는 마음으로 하나님의 말씀을 갈망하라(*epipothesate*, crave)는 것이다. 새롭게 거듭난 자는 하나님의 말씀을 사모하고 그 말씀을 따라 자신을 훈련시키라는 것이요 말씀으로 이제 영적으로 성장하기를 사모하라는 것이다. 주의 말씀은 우리의 영적 양식임을 가리켜 준다.

하나님의 말씀을 먹게 되면 신앙이 점점 자라(grow up) 결국 구원에 이르게 된다. 베드로는 거듭난 성도가 신앙의 성장을 위해 사모해야 할 것이 무엇인가를 언급하고 있다. 형제사랑에 방해되는 요소들을 과감히 버리고 하나님의 말씀을 간절히 구하는 것이다. '구원에 이르도록(*eis soterian*, in respect to salvation) 자라게 하려 함이라.' 구원의 완성에 이르기 위해서는 말씀으로 자신을 성결해야 한다는 말이다. 거듭나는 것은 순간적이지만 성결은 부단히 자라나는 과정이기 때문이다.

"너희가 주의 인자하심을 맛보았으면 그리하라(3절)."

'여러분이 주님의 사랑을 맛보았으면 그렇게 하라.' 새번역은 '여러분은 주님의 인자하심을 맛보았습니다.' 라 번역했다. NIV도 '지금은 너희가 주의 인자하심을 맛보았다(now that you have tasted)' 고 했다. 원문은 'ei' 로 '진정으로 그랬다면(if indeed)' 이란 뜻이다.

주님의 인자하심(*chrestos*, good), 곧 그의 선하심(that the Lord is good, NIV)과 은혜로우심(that the Lord is gracious, KJV)을 진정으로 맛보았다면 그렇게 해야 한다는 말씀이다. 주님을 맛본 사람은 주님의 말씀에 따라 살아야 한다는 것을 다시 한 번 강조하고 있다.

2. 산 돌(4-5절): 너희도 산 돌 같이 신령한 집으로 세워지라

4. 사람에게는 버린 바가 되었으나 하나님께는 택하심을 입은 보배로운 산돌이신 예수께 나아가
5. 너희도 산 돌 같이 신령한 집으로 세워지고 예수 그리스도로 말미암아 하나님이 기쁘게 받으실 신령한 제사를 드릴 거룩한 제사장이 될지니라

> "사람에게는 버린 바가 되었으나 하나님께는 택하심을 입은 보배로운 산돌이신 예수께 나아가(4절)."

'사람에게는 버림을 받았지만 하나님에게는 선택된 보배로운 산돌이신 예수님께 나아오라.'

'사람에게는 버린 바가 되었으나(rejected by men).' 예수님은 사람에게는 버림을 받아 십자가에 못 박혀 죽으셨으나, 하나님께는 택하심을 받은 살아 있는 귀한 돌이시다. '산돌(*lithon zonta*, the living Stone)이신 예수' 는 예수님은 하나님에 의해 택하심을 받은(chosen by God), 그리고 하나님에게는 아주 보배로운(precious to him) 산돌이시라는 말씀이다. 그리스도는 산돌이실 뿐 아니라 '생수(요 4:10-14, 7:38),' '살아있는 떡(요 6:51),' '새로운 살 길(히 10:20)' 로도 불린다.

성경에서 예수 그리스도는 종종 '신령한 반석(고전 10:4),' '모퉁이의 머릿돌(마 21:42)' 처럼 '돌' 로 비유되었다. 여기서 특히 '산 돌' 로 비유되고 있는 것은 그의 안에 '영원한 생명(요 1:4, 5:26)' 이 있기 때문이다. 또한 그가 부활하심으로 사망의 권세를 이기시고 모든 성도들에게 생명의 길을 열어 놓으셨기 때문이다.

이 절에서 돌이 살아있다고 말하는 것은 그리스도가 생명을 갖고 계시며

그 생명을 주시기 때문이다. 산돌은 '생명을 주시는 돌,' 곧 그리스도를 가리킨다. 돌은 집을 짓는 데 사용되는 재료이다. 하나님께서는 영원히 무너지지 않고 쇠하지 아니하는 신령한 성전을 짓기 원하셨다. 그래서 예수님을 산돌로 삼으시고, 그분으로부터 끊임없이 생명을 공급받는 산돌로 만드셨다. 따라서 베드로는 우리가 이 생명을 공급받기 위해서는 산돌이신 주님께 나아와야 한다고 말하고 있다.

> "너희도 산돌 같이 신령한 집으로 세워지고 예수 그리스도로 말미암아 하나님이 기쁘게 받으실 신령한 제사를 드릴 거룩한 제사장이 될지니라(5절)."

'이제 성도 여러분도 산돌처럼 영적인 집을 짓는 데 쓰이도록 하라. 거기서 여러분은 예수 그리스도를 통해 하나님이 기쁘게 받으실 영적 제사를 드릴 거룩한 제사장이 될 것이다.'

'너희도 산돌 같이 신령한 집(*oikos pneumatikos*, a spiritual house)으로 세워지고' 산돌이신 예수를 따라 성도인 우리도 산돌이 되어야 한다는 것이다. 성도는 살아있는 돌과 같은 존재이다. 예수를 깨달으면 우리도 산돌이 된다. 그리스도의 산돌로서 우리도 신령한 집을 짓는 데 사용되어야 한다.

나아가 하나님이 기쁘게 받으실 제사를 드리는 제사장이 되어야 한다. 특히 예수 그리스도로 말미암아 하나님께서 기쁘게 받으실 신령한 제사를 드리는 거룩한 제사장이 되어야 한다. 그리스도인은 이 세상에서 버림을 받을 만큼 아주 보잘 것 없는 것으로 취급을 받는다. 그러나 2장에서는 그리스도인을 '산 돌,' '택하신 족속,' '왕 같은 제사장,' '거룩한 나라,' '그의 소유된 백성,' '긍휼을 얻은 자' 등 여러 가지로 부르고 있다. 그만큼 다르고 보배로운 존재라는 말이다.

'거룩한 제사장(*hierateuma hagion*, a holy priesthood)이 될지니라.' 이 절에서는 거룩한 제사장이 될 것을 강조하고 있다. 구약시대에는 레위지파만이 제사장이 될 수 있었고, 제사장은 백성의 중보자로서 제사를 통해 하나님과 직접 교통했다. 하지만 신약시대에는 그리스도인은 누구든지 제사장이 된다. 구약 때처럼 제사장 계급이 따로 필요한 것이 아니다. 따라서 성도들은 직접 하나님께 나아가서 제사를 드릴 수 있다. 모든 성도가 각기 하나님께 직접 나아가는 것이다(히 10:19-22). 종교개혁자들은 특정 제사장직을 주장하는 가톨릭의 제도를 거부하면서 만민제사장 제도를 주장하였다. 이제 모든 성도는 제사장들로서 예수님을 통해 하나님의 거룩하심을 세상에 반영시키고, 하나님께서 기쁘게 받으실 수 있는 신령한 제사(spiritual sacrifices)를 드려야 한다.

3. 모퉁잇돌(6–8절): 그를 믿는 자는 부끄러움을 당하지 않는다

---

6. 성경에 기록되었으되 보라 내가 택한 보배로운 모퉁잇돌을 시온에 두노니 그를 믿는 자는 부끄러움을 당하지 아니하리라 하였으니
7. 그러므로 믿는 너희에게는 보배이나 믿지 아니하는 자에게는 건축자들이 버린 그 돌이 모퉁이의 머릿돌이 되고
8. 또한 부딪치는 돌과 걸려 넘어지게 하는 바위가 되었다 하였느니라 그들이 말씀을 순종하지 아니하므로 넘어지나니 이는 그들을 이렇게 정하신 것이라

"성경에 기록되었으되 보라 내가 택한 보배로운 모퉁잇돌을 시온에 두노니 그를 믿는 자는 부끄러움을 당하지 아니하리라 하였으니(6절)."

성경에 이런 말씀이 있다. '보라. 내가 택한 귀중한 모퉁잇돌 하나(a chosen and precious cornerstone)를 시온에 둔다. 그를 믿는 사람은 결코 부끄러움을 당하지 않을 것이다.'

모퉁잇돌(*akrogoniaion*)은 건축에 있어서 가장 중요한 돌로, 여기서는 예수 그리스도를 가리킨다. 그 돌을 시온(Zion)에 둔다. 시온은 원래 예루살렘 안에 있는 구릉지를 가리킨다. 본문에서는 새 예루살렘, 곧 하나님의 백성들이 어린양이신 예수님과 함께 사는 새 하늘과 새 땅을 뜻한다(벧전 14:1). 그를 믿는 사람은 결코 부끄러움을 당하지 않으리라.

> "그러므로 믿는 너희에게는 보배이나 믿지 아니하는 자에게는 건축자들이 버린 그 돌이 모퉁이의 머릿돌이 되고(7절)."

'그러므로 이 돌은 믿는 여러분에게는 가장 귀한 것이다. 하지만 믿지 않는 사람들에게는 쓸모없는 돌에 불과하다. 이것은 '건축자가 버린 돌이 집 모퉁이의 머릿돌이 되었나니' 라는 시편 118:22의 말씀을 이루신 것이다.'

'너희에게는 보배' 라는 말씀은 믿는 자에게 있어서 예수님은 보배라는 것이다. 그리스도인에게 있어서 그리스도는 무엇으로든 대신할 수 없는 가장 존귀한 분이시기 때문이다.

'건축자의 버린 그 돌이 모퉁이의 머릿돌(*kephalen gonias*, the head of the corner, the capstone)이 되고.' 이것은 예수님이 누가신가를 보여주는 대표적인 부분이다. 건축자가의 버린 바로 그 돌이 모퉁이의 머릿돌이 되었다. 머릿돌은 이 돌을 통해 모두가 연결되는 기준이 되는 돌을 의미한다. 사람에게는 버림받았으나 하나님께는 요긴한 돌이 되었다.

이에 대해 시편 기자는 '이는 여호와께서 행하신 것이요 우리 눈에 기이한 바로다(시 118:23)' 라 하였다. 예수 그리스도를 머릿돌로 삼으신 것은 하나님이 하신 기이한 것이라는 말씀이다. 세상이 가볍게 여기는 그리스도를 우리의 모든 삶과 신앙의 주춧돌로 삼아야 할 근거가 충분하다.

> "또한 부딪치는 돌과 걸려 넘어지게 하는 바위가 되었다 하였느니라 그들이 말씀을 순종하지 아니하므로 넘어지나니 이는 그들을 이렇게 정하신 것이라(8절)."

그리고 '걸려 넘어지게 하는 돌과 바위가 되었다' 는 말씀과 같다. 그들, 곧 믿지 아니하는 자들은 하나님의 말씀에 불순종하기 때문에 걸려 넘어지며 또 이렇게 되는 것이 하나님의 뜻이다.

부딪치는 돌(a stone that causes men to stumble)과 걸려 넘어지게 하는 바위(a rock that makes them fall)는 예수 그리스도를 가리킨다. 믿지 아니하는 자들에게 있어서 예수는 걸림돌이 된다. 그 이유는 그들이 하나님의 말씀을 순종하지 않기 때문이며, 또한 그렇게 되도록 하나님께서 정해 놓으셨기 때문이다.

베드로는 7절과 8절을 통해 '그들(they)' 과 '너희(you)' 를 완연히 구분하였다. '그들' 은 믿지 않는 자를 가리키는 반면 '너희' 는 이 서신을 받는 성도를 가리킨다. 그들에게 있어서 예수님은 부딪히는 돌(stone of stumbling)이자 거치는 반석(rock of offence)이다. 그뿐 아니다. 그들 자신이 걸림돌이 된다. 하나님의 말씀을 순종하지 아니함으로 인해 자신뿐 아니라 남도 넘어지게 하기 때문이다. 그러나 그들은 예수의 사역을 결코 방해할 수 없다. 나는 산돌인가 거친 돌인가.

4. 너희(9–10절):
너희는 택하신 족속이요 왕 같은 제사장들이다

---

9. 그러나 너희는 택하신 족속이요 왕 같은 제사장들이요 거룩한 나라요 그의 소유가 된 백성이니 이는 너희를 어두운 데서 불러내어 그의 기이한 빛에 들어가게 하신 이의 아름다운 덕을 선포하게 하려 하심이라
10. 너희가 전에는 백성이 아니더니 이제는 하나님의 백성이요 전에는 긍휼을 얻지 못하였더니 이제는 긍휼을 얻은 자니라

베드로는 계속해서 그리스도인이 어떤 신분을 가진 사람인가를 밝혀주고 있다. 당시 이 글을 받는 성도들은 핍박을 받고 있었다. 예수를 그리스도로 고백한다 해서 집안에서 쫓겨나기도 하고, 나라로부터 배척을 받으며, 재산을 빼앗기기도 하고, 매까지 맞았다. 이 말씀을 우리도 읽고 있지만 지금의 우리 처지와는 완연 다르다. 그들은 얼마든지 자기의 처지를 잘못 생각할 수 있다. 베드로는 그들에게 그리스도인이 영적으로 어떤 신분인가를 가르침으로써 육적으로 어려운 처지에 있는 성도들로 하여금 힘 있게 살아가도록 했다.

그들을 향해 산돌이 되라 한 베드로는, 이 단원에서 택하신 족속, 왕 같은 제사장, 거룩한 나라, 소유된 백성, 긍휼을 얻는 자라고 말함으로써 그리스도 안에서 그들의 신분이 얼마나 귀한 존재인가를 확실히 하고 있다. 이것은 우리가 그리스도 안에 사는 이유이기도 하다.

> "그러나 너희는 택하신 족속이요 왕 같은 제사장들이요 거룩한 나라요 그의 소유가 된 백성이니 이는 너희를 어두운 데서 불러내어 그의 기이한 빛에 들어가게 하신 이의 아름다운 덕을 선포하게 하려 하심이라(9절)."

'그러나 여러분은 택하심을 받은 족속이요 왕 같은 제사장이요 거룩한 나

라요 하나님의 소유가 된 백성이다. 이것은 여러분을 어두움에서 불러내어 자기의 놀라운 빛 가운데 들어가게 하신 하나님을 널리 찬양하도록 하기 위한 것이다.' 그는 성도를 족속, 제사장, 나라, 백성으로 묘사했다. 그리고 우리는 택함을 받고, 왕 같으며, 거룩하고, 하나님의 소유되었음을 확실히 했다. 구약시대에는 이스라엘만이 제사장의 나라이며 선민이었다. 그러나 이제는 모든 그리스도인들이 선민이며 아브라함의 후손들이다(롬 4:16).

택하신 족속(*genos eklekton*, a chosen race, a chosen generation)이란 그리스도인이 선택함을 받은 귀한 존재라는 뜻이다. 구약에서 이스라엘이 하나님의 택하신 백성이라고 불리듯이(사 43:10, 20, 44:1-2), 신약에서는 그리스도인들이 하나님의 택하신 백성이라 불린다. 바울은, 하나님의 선택은 창세전에 그리스도 안에서 이루어졌다고 했다(엡 1:4). 이것은 하나님이 우리를 택하신 목적이 있다는 것을 보여준다. 그 목적과 이유는 하나님께서 아신다. 우리는 우연히 태어난 존재가 아니다. 우리가 그 많은 시대가운데 이 시대를 택하거나 이 관계를 택한 것이 아니다. 하나님의 뜻과 목적에 따라 하나님이 우리를 이 시대, 이 관계에 두셨다. 그러므로 우리는 하나님이 허락하신 이 관계, 이 시대의 삶을 감사하며 그분의 뜻을 이루기 위해 최선을 다해야 하는 사람들이다.

하나님에 의해서 선택되었다는 것은 하나님께 용납되었다는 것을 의미한다. 수많은 사람들 가운데서 하나님으로부터 용납되었다는 것은 축복 중에 축복이 아닐 수 없다. 따라서 우리도 다른 사람을 용납할 수 있는(acceptable) 그리스도인이 되어야 한다.

왕 같은 제사장(*basileion hierateuma*, a royal priesthood)이라는 것은 그리스도인은 신령한 제사를 드릴 거룩한 제사장이요 왕 같은 제사장이라는 말이다. 성도들은 왕이요 제사장이라는 것이다. 성도들은 왕이요 제사장이신 그리스도와 연합함으로 말미암아 그들 역시 왕과 제사장이 되는 것이다.

구약 시대 때 대제사장은 일 년에 한번 대속죄일에 나가 백성들을 위해 속죄 제사를 드렸다. 대제사장은 라틴어로 '폰티펙스 막시무스(Pontifex Maximus)' 라 한다. '다리를 놓아주는 사람' 이라는 뜻이다. 하나님과 백성 사이에 다리를 놓아준다. 따라서 왕 같은 제사장은 이 세상에서 그리스도를 중보 해야 할 존재임을 드러내고 있다. 왕은 '다스린다' 는 특징을 가지고 있다. 하나님이 우리 인생을 다스린다는 뜻이다. 여기서 왕 같은 제사장은 우리를 다스리는 하나님과 그의 백성을 만나게 해주는 역할을 한다는 것을 보여준다. 제사장은 백성의 죄를 지고 하나님 앞에 나가 용서함을 받고 백성에게 용서함 받았음을 선포하는 책임을 맡고 있다.

그리스도인은 제사장으로서의 특권을 가지고 있다. 만인제사장으로서의 특권이다. 첫째, 하나님께 직접 나갈 수 없었던 존재가 이제는 직접 나갈 수 있는 존재가 되었다. 둘째, 영적인 제사를 드릴 수 있게 되었다(롬 12:1). 셋째, 말씀을 증거 할 수 있게 되었다. 끝으로, 중보 할 수 있게 되었다.

우리는 제사장으로서 어떤 삶을 살아야 하는가? 공동체의 죄를 지고 기도하는 사람이 되어야 한다. 그들이 고통을 가하는 공동체라 할지라도 그들을 위해 기도한다. 환란 받는 공동체를 위해 기도한다. 이 제사장 노릇을 잘 했을 때 받는 영광이 왕과 같다.

거룩한 나라(*ethnos hagion*, a holy nation, a dedicated nation)는 그리스도인은 영적으로 하나님 나라에 속했기 때문에 세상과는 구별된 삶을 살아야 할 존재라는 것이다. 성도는 육적으로는 한 나라의 국민이지만 영적으로는 하나님께 속한 백성이다. 모범적인 국민으로 살아가다가도 국가가 예수를 배반하도록 하면 저항한다. 성도는 하나님의 백성이기 때문에 내면으로는 하나님의 통치를 받는 거룩한 나라의 백성이다. 세상이 자기 방식대로 간다 해도 성도에게 안 맞는 것은 안 맞는 것이다. 출애굽기 19:6에는 이스라엘에게 이 용어가 사용되었다. 그러나 신약에서는 그리스도인들이 거룩한 나라가 되었다.

그의 소유된 백성(*laos eis peripoiesin*, a people belonging to God, a people for His possession)이란 하나님이 우리를 가장 애지중지하며 아끼는 백성이라는 뜻이다. 우리를 가리켜 자기의 소중한 존재라고 말씀하시는 분은 우리 하나님이시다. 주님은 우리를 위해 십자가에 죽으셨을 만큼 헤아릴 수 없는 값을 치루셨고, 우리는 주님의 것이 되었다. 고난과 핍박을 받을지라도, 환란의 현장에 있을지라도, 순교를 당한다 해도 성도는 주님의 소유이다. '너희는 나의 소유다. 너는 내 것이다.' 그리스도인은 눈동자와 같이 지키는 하나님 가운데 있다. 성령이 함께 하는 가운데 고난의 관문을 통과한다.

우리는 그의 소유된 백성이라 자랑만 할 것이 아니라 그 나라 백성으로서 값어치를 할 수 있는(valuable) 그리스도인이 되어야 한다. 택함을 받았으며 택함 받은 사람답게 살자. 로얄 페밀리의 일원이 되었으면 그 일원답게 행동하자. 거룩한 하나님을 나타내자, 헌신된 삶을 살자. 하나님이 피로 사신 자답게 삶을 확실하게 살자.

그리스도인은 누구나 자기가 어떤 신분을 가진 존재인가에 대한 확실하고, 확고한 자기 평가가 중요하다. 베드로는 성도들을 향해 택하신 족속, 왕 같은 제사장, 거룩한 나라, 그의 소유된 백성이라 하였다. 믿는 '너희' 는 믿지 않는 '그들' 과는 성격이 다르다는 것이다. 그리스도 안에서 새로워진 신분을 경험하라.

무엇을 위해 이런 신분이 부여되었는가? 베드로는 한 마디로 말한다. 하나님의 아름다운 덕을 선포하기 위함이다. '이는 너희를 어두운 데서 불러내어 그의 기이한 빛에 들어가게 하신 자의 아름다운 덕을 선포하게 하려 하심이라.' '아름다운 덕(*aretas*, the excellencies)' 은 복수로 주님의 크고 놀라우신 일들을 말한다. 우리는 하나님을 선전하며(하나님께 영광을 돌리며) 살아야 하는 사람들이다.

하나님을 선포하는 사람들은 자신과 일, 교회를 통해 오로지 하나님을 자랑하며 하나님 선전하며 살아야 한다. 나를 선전하거나 자신을 자랑해서는 안 된다. 이것이 우리의 존재 이유요 복 받는 길이다.

어떻게 선포하며 살아야 하는가? 방법은 소극적 방법과 적극적 방법 등 크게 두 가지다. 소극적 방법으로는 육체의 정욕을 제어한다. 육체의 정욕 때문에 하나님을 선전하지 못하기 때문이다. 적극적인 방법은 이방인가운데서 자신의 행실을 선하게 가지는 일이다. 나 때문에 교회에 가기 싫다는 말을 들으면 그것은 하나님을 선포하는 일이 아니다. 우리의 선한 행실을 보고 우리가 믿는 하나님께 영광을 돌리고 하나님을 믿게 되면 그것은 하나님을 적극적으로 선포하는 일이 된다. 그리스도인은 자신의 행실을 통해 보이지 않는 하나님을 보이며 사는 사람들이다.

우리 모두가 목사는 아니지만 그리스도의 사역자로서 일(ministry)을 할 수 있게 되었다. 주님으로부터 일할 수 있는 능력을 부여받았으므로(empowered) 다른 사람을 도울 수 있는 거룩한 일에 힘써야 한다. 권고하는 날에 열방을 위해 흩어져 일하자. 온 세계에 예수님을 전하자. 그 일을 수행하기에 적합한 백성, 제사장, 나라, 백성이 되자.

> "너희가 전에는 백성이 아니더니 이제는 하나님의 백성이요 전에는 긍휼을 얻지 못하였더니 이제는 긍휼을 얻은 자니라(10절)."

'여러분이 전에는 하나님의 백성(*laos Theou*, people of God)이 아니었지만 지금은 하나님의 백성이다. 전에는 하나님의 불쌍히 여기심을 받지 못하였지만 지금은 불쌍히 여기심을 받게 되었다.' 하나님께서 유대인 중에서만이 아니라 이방인들 가운데서도 자기 백성을 삼으시겠다는 이미 구약에서도 있었다(호 2:23).

이 귀한 신분을 어떻게 받았는가? 은혜로 받았다. 우리의 힘과 노력으로 받은 것이 결코 아니다. 내 모습은 결코 거룩한 나라일 수 없다. 우리는 원래 하나님의 백성이 아니었다. 우상숭배에 익숙한 사람들이었다. 그러나 예수님 때문이다. 하나님이 우리를 긍휼히, 곧 불쌍히 여겨주셨기 때문이다. 주님이 채찍에 맞음으로 우리가 나음을 입었고, 십자가에서 우리의 그 무거운 죄의 짐을 지심으로 우리의 신분이 높아지게 되었다.

베드로는 긍휼(mercy)을 얻은 성도로서 앞으로 어떻게 살아야 하는가를 강조하고 있다. 긍휼은 하나님의 인격이다. 우리는 그 인격을 배워가야 한다. 하나님의 긍휼하심을 알면 세계가 보이기 시작한다. 하나님이 우리의 죄를 용서하심으로 우리는 그의 긍휼을 얻은 자, 곧 용서함 받은 자가 되었다. 주님은 우리의 죄를 묻지 아니하시고 심판도 하지 않으신다. 주안에는 어떤 정죄도 없다. 우리는 이처럼 용서함 받았음을 자랑할 것이 아니라 이제는 남을 용서할 수 있는 사람이 되어야 한다. 주님을 삶에서 드러내고 전하는 자가 되어야 한다.

5. 절제된 삶(11–12절): 육체의 정욕을 제어하라

---

11. 사랑하는 자들아 거류민과 나그네 같은 너희를 권하노니 영혼을 거슬러 싸우는 육체의 정욕을 제어하라
12. 너희가 이방인 중에서 행실을 선하게 가져 너희를 악행 한다고 비방하는 자들로 하여금 너희 선한 일을 보고 오시는 날에 하나님께 영광을 돌리게 하려 함이라

베드로는 베드로전서 1:13에서 2:10까지의 말씀을 통해 모든 성도 개인에

게 요구되는 경건과 사랑의 의무를 교훈하였다. 그런데 이제부터는 성도가 천국 시민이면서도 아직은 이 땅에서의 삶을 영위하고 있는 자들임을 들어 대사회적 의무를 교훈한다.

> "사랑하는 자들아 거류민과 나그네 같은 너희를 권하노니 영혼을 거슬러 싸우는 육체의 정욕을 제어하라(11절)."

'사랑하는 여러분, 우리는 이 세상에서 거류민과 나그네와 같은 사람들이다. 영혼을 거슬러 싸우는 육체적 정욕을 멀리하라.'

베드로는 베드로전서 2:11에서부터 3:12에 이르기까지 산 소망을 가진 성도들이 사회생활의 모든 영역에서 성별된 생활을 해야 함을 강조하고 있다. 성도들은 하나님과 연관되어 있지만 동시에 이 세상 속에 살고 있기 때문에 사회생활에 지침이 있어야 한다. 베드로는 이 구절들을 통해 이 땅에서 삶의 모범을 보임으로써 세상 사람들과는 다르다는 것을 보이라 강조하고 있다. 11절과 12절에서는 이방인에 대한 성도의 생활태도에 대해 언급하고 있다.

베드로는 성도들을 가리켜 '거류민과 나그네 같은 너희'라 하였다. 거류민(aliens)은 1:1의 디아스포라가 아니라 '파로이코우스(*paroikous*)'다. '낯선 땅에 거주하는 사람들'이라는 뜻이다. '나그네(*sojourners*, strangers)'는 '페레피데모우스(*parepidemous*),' 곧 '낯선 땅에 잠시 동안만 여행하는 방문객들'을 뜻한다. 순례자와 같은 의미이다. 성도들은 본향 집이 따로 있다. 그 집은 이 땅에 있지 않다. 바울은 성도의 시민권은 이 땅에 있는 것이 아니라 하늘나라에 있다고 하였다(빌 3:20).

'육체의 정욕을 제어하라.' 육신의 본성에 틈을 주지 말라는 것이다. 성도들은 우리가 가야할 본향 집을 항상 염두에 두고, 이 땅에서 여행을 하고 있는 동안 낯선 땅의 행습인 '육체의 정욕(fleshly desires, sinful desires)'을 제어하며 그것을 따라 행해서는 안 된다. 세상일에 집착하여 욕심을 부리지 말고 정욕을 이겨내야 한다는 것이다. 성도는 내면의 전쟁에서 승리해야 한다. 조지 뮬러는 "내가 나이 들어도 괴팍한 사람이 되지 않도록 도와주소서." 기도했다.

> "너희가 이방인 중에서 행실을 선하게 가져 너희를 악행 한다고 비방하는 자들로 하여금 너희 선한 일을 보고 오시는 날에 하나님께 영광을 돌리게 하려 함이라(12절)."

'여러분은 이방인들 가운데서 선한 생활을 하라. 그러면 여러분이 악을 행한다고 비난하는 사람들이 여러분의 선한 행실을 보고 그들이 회개하는 날에 하나님께 영광을 돌리게 될 것이다.'

'행실을 선하게 가져(*kalen*, honorable)' 는 선한 행실, 곧 성도들이 이 땅에서 보이는 모범된 행위를 가리킨다. 본이 되는 삶을 살라, 항상 탁월하게 행동하라, 믿지 않는 사람들이 감동을 받을 만큼 은혜롭고, 믿을만하며, 친절한 사람이 되라는 것이다. 이방인들이 성도들의 선한 행동을 보고 하나님께 영광을 돌릴 수 있도록 모범을 보여야 한다는 것이다.

'너희를 악행 한다고 비방하는 자들' 은 그리스도인들을 공격하는 자들이다. 그들은 그리스도인들을 오해하고 '악행' 한다고 했다. 당시 황제를 숭배하던 시대에 그렇게 하지 않으니 국가관이 투철하지 못하다 하고, 성찬 때 피를 마신다니 사람을 잡아먹는 사람들이 아닌지 오해하고, 믿고자 하면 네 부모 친척을 떠나야 한다니 가족관계를 중시하지 않는 사람들이 아닌지 오해한 것이다. 오늘날에도 오해는 존재한다. 악행을 한다고 비방하는 자들의 부당한 공격에도 놀라지 말라. 모두 오해에서 비롯된 것이기 때문이다.

'너희 선한 일(*ton kalon ergon*, the good deeds)을 보고' 보고는 집중해

서 보는 것을 말한다. 항상 주시하여 본다는 것이다. 자녀는 부모를 항상 주시하며 본다. 그러므로 '마음에 새기고 부지런히 가르치라(신 6:6-7).' 하였다. 부모가 먼저 본을 보일 이유가 충분하다. 마찬가지로 믿지 아니하는 자들은 믿는 자들의 행동 하나하나를 주시하여 본다. 따라서 행동거지에 조심해야 한다.

'오시는 날(*hemera episkopes*, the day of visitation)' 은 하나님께서 각 사람의 행위대로 조사하여 심판하실 날, 곧 '주님이 재림하시는 날' 이다. '에피스코페' 는 문자적으로 '감독,' '조사,' '살핌' 이라는 뜻이다.

'오시는 날에 하나님께 영광을 돌리게 하라.' 성도들이 이방 사람 가운데서 행실을 바르게 하게 되면 그들이 성도 여러분을 향해 악을 행하는 자라고 욕하다가도, 여러분의 바른 행위를 보고 하나님께서 찾아오시는 날에 하나님께 영광을 돌릴 것이다. 이방인 가운데서 훌륭한 모범을 보여 이방인들로 하여금 회개하고 주를 믿게 하는 구원의 방편이 되어야 한다는 것이다. 성도들의 모범된 행동이 구원의 도구가 될 수 있음을 보여주고 있다. 성도는 예수 믿지 않는 사람에게 예수를 쉽게 믿을 수 있도록 역할을 하는 사람이다. 믿지 않는 자들이 우리 때문에 하나님의 백성이 된다면, 주님 앞에 무릎 꿇고 모든 입이 주를 고백하게 된다면 얼마나 기쁠까. 이를 미루어 볼 때 성도의 행동 하나하나가 다 중요하다. 성도의 선한 행동이 하나님께 영광이 되기에 더 보람되다.

6. 권위에 대한 순종(13-17절): 하나님을 두려워하며 왕을 존대하라

---

13. 인간의 모든 제도를 주를 위하여 순종하되 혹은 위에 있는 왕이나
14. 혹은 그가 악행 하는 자를 징벌하고 선행하는 자를 포상하기 위하여 보낸 총독에게 하라
15. 곧 선행으로 어리석은 사람들의 무식한 말을 막으시는 것이라

16. 너희는 자유가 있으나 그 자유로 악을 가리는 데 쓰지 말고 오직 하나님의 종과 같이 하라
17. 뭇 사람을 공경하며 형제를 사랑하며 하나님을 두려워하며 왕을 존대하라

"인간의 모든 제도를 주를 위하여 순종하되 혹은 위에 있는 왕이나(13절)."

'성도 여러분은 인간이 세운 모든 제도, 곧 국가의 모든 제도와 통치자와 관리들에게 복종하라. 그렇게 하는 것이 주님을 위하는 것이다.' 베드로는 13-17절을 통해 국가에 대한 순종을 강조하고 있다.

'인간의 모든 제도(*ktisei*, institution)를 주를 위하여 순종하되.' 국가에 대한 의무를 말하고 있다. 국가에 대한 의무를 무시하지 않고 그 취지를 따라 순종해야 한다는 것이다. 그것이 주님을 위한 것이기 때문이다. 베드로는 순종의 근거를 '주를 위하여(*dia ton Kyrion*, for the sake of the Lord)' 에 두었다. 순종하되 그것이 주님의 영광을 위한 것이 되어야 한다는 것이다. 주님만이 궁극적 권위를 가지기 때문이다.

여기서 '순종하라(*hypotagete*, submit yourselves)' 는 말씀은 권세에 대한 순종이다. 18-20절에서는 종들이 주인들에게 순종을 가르치고 있고, 3장 1절에서는 아내가 남편에게 순종할 것을 강조하고 있다. 13절에 '왕' 을 지칭하고 있는 데, 베드로가 이 편지를 쓸 당시의 황제는 잔인하기로 이름난 네로였다. 악한 왕임에도 순종하도록 한 것이다.

베드로는 왜 순종을 강조했을까? 특히 당시 불신자들은 성도들을 가리켜 반사회적이며, 국가와 로마 황제에게 불충하는 자요(요 19:12) 주종관계의 질서를 무시하는 자들이라며 줄곧 비난해왔다. 이에 베드로는 성도도 이 땅에 살 동안에는 하나님께서 세우신 이 땅의 질서도 준수하는 모습을 보임으로써 하나님의 영광이 가리지 않도록 했다. 베드로는 그리스도의 모범(21-25절)을

들면서 국가의 법과 제도에 대한 순복(13-17절) 및 주인에 대한 종의 순종(18-20절)을 강조하였다.

모든 권위는 하나님이 세우신 것이다. 세상의 권세도 마찬가지다. 권세는 하나님이 주신 것이기 때문이다(롬 13:1-2). 하나님께로부터 나왔기에 순종하는 것이다. 따라서 권위에 불순종하는 것은 간접적으로 그에게 권세를 주신 하나님께 불순종하는 것이다. 인간은 반역하고 반항하는 씨를 가지고 있다(사 53:6). 만약 순종하지 않으면 하나님은 끊임없이 불편한 관계 가운데 두셔서 결국 순종하게 하신다.

그리스도인은 법을 잘 지키는 사람이 되어야 한다. 세상 권세가 아무리 잔인하고 난폭하다 할지라도 하나님의 주권아래 있다. 그들의 권세가 아무리 커도 이 세상에서만 누릴 수 있는 유한한 것일 수밖에 없다. 성도들은 잔인한 군주를 심판하시는 분이 하나님이심을 믿고 무언의 선한 행실로 인내해야 한다. 악한 군주에 대한 진정한 항거는 말없이 믿음으로 사랑을 베푸는 것이다.

그러나 권세에 대해 순종한다 할지라도 그 순종이 하나님의 법과 배치되어서는 안 된다(행 4:19). 만일 한 정부의 법이 계시된 하나님의 뜻을 깨뜨릴 때는 비록 그들이 그 정부의 법에 의해 형벌을 받는다 할지라도 믿는 자들의 하나님께 복종해야 한다(롬 13:1-7, 딛 3;1, 2). 그리스도인은 인간이 만든 제도 이상의 것을 바라볼 수 있어야 한다.

권세가 악행을 일삼고 불법을 자행한다면 비폭력 저항, 무저항의 저항, 선으로 악을 이기는 방법을 고려한다. 악한 권세에 저항할 때도 그것은 결국 나와 하나님과의 문제로 귀착되기 때문에 보다 고차원의 영적 방법을 찾을 필요가 있다. 예수님 당시 에네세파는 현실로부터 도피했고, 사두개파는 로마와 결탁했다. 열심당원은 저항하고 폭력 행사도 마다하지 않았다. 인간이 역사를 억지로 바꾸려하면 피를 흘리게 된다. 하지만 하나님이 바꾸고자 하시면 피를 흘리지 않고서도 역사를 바꿀 수 있다.

> "혹은 그가 악행 하는 자를 징벌하고 선행하는 자를 포상하기 위하여 보낸 총독에게 하라(14절)."

'관리들은 악한 일하는 사람들을 처벌하고 선한 일하는 사람들을 표창하라고 통치자가 보낸 사람들이다.' 총독(*hegemosin*, governors)은 당시 로마 황제가 임무를 부여하여 보낸 지방 총독을 가리킨다. 왕에게뿐 아니라 왕이 보낸 총독, 곧 관리에게도 의무를 다해야 한다는 것이다. 총독들은 악을 행하는 사람에게 벌을 주고 선을 행하는 사람에게 상을 주게 하려고 왕이 보낸 이들이기 때문이다.

> "곧 선행으로 어리석은 사람들의 무식한 말을 막으시는 것이라(15절)."

'여러분은 선한 일을 하여 어리석은 사람들이 무식한 말을 하지 못하게 하라. 그렇게 하는 것이 하나님의 뜻이다.' 선을 행함으로 어리석은(*aphronon*, foolish) 자들의 무지(*agnosian*, ignorance)한 입을 막는 것이 하나님의 뜻(*to thelema tou Theou*, the will of God)이라는 것이다. 어리석은 사람들은 12절에 언급된 비방하는 자들을 가리킨다. 또한 그리스도를 비방하는 자들에게 그렇지 않음을 보이기 위해 성도가 어떤 자세를 취해야 하는가를 가르치고 있다.

> "너희는 자유가 있으나 그 자유로 악을 가리는 데 쓰지 말고 오직 하나님의 종과 같이 하라(16절)."

'여러분은 자유인답게 생활하라. 그러나 그 자유를 악용하지 말고 오직 하나님을 섬기는 일에 사용하라.'

베드로는 성도들이 율법에서 해방된 자유인답게 살도록 했다. 자유인로 살라는 것이다. 자유(*eleutherian*, freedom)는 하나님의 속성 중 하나로 죄와 영적 사망, 사단의 올무 등으로부터 벗어난 상태뿐만 아니라 육신의 죄악 된 썩어질 굴레로부터 벗어난 영적 해방, 자유로움을 말한다(요 8:31, 고후 3:17).

그러나 그 자유를 악을 행하는 구실로 쓰지 말라 한다. '악을 가리는 데(*epikalymma*, a cover-up)' 는 악한 일을 핑계하는 데라는 말이다. 자유는 하나님을 섬기도록 하기 위해 주어졌지 악을 엄폐하도록 주어진 것이 아니다. 그리스도인이 죄로부터 자유롭게 되었다고 하여 그 자유를 남용하면 그것은 더 큰 악이 될 것이다.

'오직 하나님의 종(*Theou duloi*, servants of God)과 같이 하라.' 그 자유를 하나님께 순종하는 데 사용하라. 오직 하나님을 섬기는데 사용하라는 것이다. 참 순종이 참 자유를 가져오기 때문이다. 순종은 돛에 자신을 묶는 것이다. 하나님께 우리를 묶는 것이다. 순종훈련으로 하나님께 올라가는 자유를 얻을 수 있다. 신념이나 사상이 신앙보다 앞서면 안 된다. 순종이 사상보다 중요하다.

> "뭇 사람을 공경하며 형제를 사랑하며 하나님을 두려워하며 왕을 존대하라(17절)."

'모든 사람을 존경하고 형제를 사랑하며 하나님을 두려워하며 왕을 존경하라.' 이 구절에서는 성도의 네 가지 실천 원리가 제시되어 있다.

첫째, 모든 사람(*pantas*, everyone)을 공경한다(*timesate*, honor). 존경하고 존중한다. 성도들은 다른 성도들만 존중할 것이 아니라 모든 사람을 존중할 줄 알아야 한다. 모두가 하나님의 형상으로 창조되었기 때문이다. '뭇사람' 은 모든 사람이다. 존중 대상에는 노예까지도 포함된다. 사람을 차별하지 말라는 것이다.

둘째, 형제(*adelphoteta*, bortherhood)를 사랑한다(*agapate*, love). 믿는 형제들(the brotherhood of believers), 곧 영적 가족을 사랑한다.

셋째, 하나님(*Theon*, God)을 경외한다(*phobeisthe*, fear). 어떤 상황에서도 하나님을 두려워하며 순종한다. 순종은 하나님과의 관계의 문제로 나의 하나님에 대한 영적인 문제다. 예수님은 십자가를 지심으로 전적 순종의 모습을 보이셨다. 예수님은 온전한 순종자이시다. 모욕과 수치를 받았지만 하나님께 자신을 전적으로 위탁하셨다. 우리는 순종을 위해 부름 받은 사람들이다. "복음 순종하면 우리 행할 길 환하겠네." 찬송하지 않는가.

끝으로, 왕(*basilea*, king)을 공경한다(*timate*, honor). 왕을 높이라. 그의 권위를 존중하라. 하나님과 반대되는 일을 시킬 때는 반항할 수 있다. 그러나 그를 존중해야한다는 것을 잊어서는 안 된다. 다니엘의 세 친구는 왕명을 어겼으나(반항) 느브갓네살을 왕이라 부르고(존중), 기꺼이 풀무 불에 들어가며 순종했다. 다윗은 사울의 권위를 존중해 그를 죽이지 않았다.

하나님이 우리를 순종의 자리에 두었을 때는 다 이유가 있다. 순종은 근본적으로 나와 하나님과의 관계의 문제이다. 순종할 때까지 우리를 그 자리에 두시고, 훈련시키시며, 연단하실 것이다.

7. 주인에 대한 종의 순종(18-20절): 까다로운 자들에게도 순종하라

---

18. 사환들아 범사에 두려워함으로 주인들에게 순종하되 선하고 관용하는 자들에게만 아니라 또한 까다로운 자들에게도 그리하라
19. 부당하게 고난을 받아도 하나님을 생각함으로 슬픔을 참으면 이는 아름다우나

20. 죄가 있어 매를 맞고 참으면 무슨 칭찬이 있으리요 그러나 선을 행함으로 고난을 받고 참으면 이는 하나님 앞에 아름다우니라

"사환들아 범사에 두려워함으로 주인들에게 순종하되 선하고 관용하는 자들에게만 아니라 또한 까다로운 자들에게도 그리하라(18절)."

'하인으로 있는 성도 여러분들은 모든 일(*panti*, all)에 두려움으로 주인에게 복종하라. 선하고 너그러운 주인에게만 순종할 것이 아니라 까다로운 주인에게도 그렇게 하라.'

사환들(*oiketai*, servants)은 노예, 종, 하인을 뜻한다. 아리스토텔레스에 따르면 노예는 주인의 소유로 살아있는 도구에 불과했다. 억울한 일을 당해도 항소권이나 변호권도 없었다. 사람 취급을 받지 못한 것이다.

초대 그리스도인들 가운데는 자유인이 아닌 노예 신분도 상당수 있었다(고전 7:21-23, 엡 6:5-8). 베드로는 이렇듯 노예 상태로 있는 그리스도인들을 향해 주인들에게 순종할 것을 가르치고 있다. 하인으로 있는 성도들은 그리스도께 하듯이 각자 주인들에게 순종하라는 것이다.

당시 불신자들은 그리스도를 믿는 사람들을 가리켜 주종 관계의 질서를 무시하는 사람이라 하였다. 성도들은 다 같이 하나님의 백성이요 그의 자녀로 간주되었기 때문이다. 베드로는 성도들을 향하여 이 땅에 살 동안 하나님께서 세우신 이 땅의 질서를 지키도록 했다. 그렇게 해야 하나님의 영광이 가리지 않기 때문이다. 예수님도 이 땅에 계실 때 이 땅의 질서를 존중하셨다.

'까다로운(*skoliois*, unreasonable)' 은 주인이 종을 가혹하게, 비이성적으로 대하는 것을 뜻한다. 선하고 너그러운(good and gentle) 주인에게만 순종하려 들지 말고 까다로운 주인에게도 순종하라는 것이다. 여기서 '순종하라'는 것은 사랑하라는 뜻이다. 자기를 사랑하는 자만 사랑하지 말고 원수까지도

사랑하라 하신 예수님의 산상수훈 정신에 입각한 것이다(마 5:43-48). 이처럼 적극적인 순종을 통해 그리스도의 정신을 드러내라는 것이다. 그리스도의 고난을 본 받아 이 세상의 고난 가운데서도 선을 행하면 순종이 고난이 아니라 그리스도의 정신을 드러내는 아주 좋은 기회가 된다.

> "부당하게 고난을 받아도 하나님을 생각함으로 슬픔을 참으면 이는 아름다우나(19절)."

'억울하게 고난을 당하더라도 하나님을 생각하면서 괴로움을 참으면 이것은 아름다운 일이다.'

'부당하게(*adikos*, unjustly)' 는 '의롭지 못하게,' '공정하지 못하게' 라는 뜻이다. 주인이 종을 의롭지 못하게 취급하는 것을 말한다. 남의 밑에서 일하는 성도는 때때로 부당한 처우를 받기도 한다. 그렇다 해도 주인에게 순종하는 마음을 가져야 한다는 것이다.

고통에는 크게 세 가지가 종류가 있다. 첫째는 이유 없이 고통을 받는 경우이고, 둘째는 잘못을 해서 고통을 받는 경우이며, 셋째는 올바른 행동을 했는데도 불구하고 불의한 사람들 때문에 고통을 받는 경우다. 이 구절에 나타난 부당하게 고난을 받는 경우는 셋째의 성격을 가지고 있다.

'하나님을 생각함으로(for sake of conscience toward God).' 하나님이 보고 계신다. 하나님을 생각하면서 참으라는 것이다. 참는 것은 나를 산 제물로 드리는 영적 제사이다. 살아있지만 죽은 제물이 된다. 이것은 당시 종들에게 주는 강력한 영적 메시지이다.

'슬픔을 참으면(bear up under the pain of unjust suffering)' 에 주목하자. 억울해도, 괴로워도 참는 것이다. 그러다 보면 많은 생각이 오갈 것이다. 브라우닝은 말한다. "기쁨과 많은 대화를 나눴지만 남은 것이 없었다. 슬픔은

한 마디 하지 않았지만 많은 것을 깨닫게 해 주었다."

'아름다우나(*charis*, commendable, acceptable)' 는 문자적으로 '은혜이나' 라는 뜻이다. 아름답다는 것은 은혜가 된다는 말이다. 하나님의 은혜로 보상을 받는 것이다. 선을 행함으로 고통을 받는 데도 참으면 아름답다. 하나님이 받으시기에 합당하고, 칭찬받을만한 일이라는 것이다. 여기에 하나님의 미학이 담겨있다.

노예 제도는 참으로 바람직하지 못한 제도이다. 그러나 당시 그리스도인 종들은 하나님의 섭리아래 그 제도가 폐지될 때까지 그들의 고난을 믿음과 인내로 견디어내야 했다. 베드로는 이 말씀으로 그들에게 격려한다. "억울하게 고난을 당하더라도 하나님을 생각하면서 괴로움을 참으면 그것은 아름다운 일이다." 세상이 줄 수 없는 신앙적인 격려다.

왜 아름다울까? 그것은 그 고통의 가치가 크기 때문이다. 하나님은 우리의 인간관계를 통해 우리를 성숙시키시기도 하지만 고통을 통해 성숙시키시기도 하신다. 무엇보다 고통은 내면의 성숙을 가져오고 우리 영혼을 더욱 건강하게 만든다. 고통이 크고 힘들수록 하나님에 대한 관심이 커지기 때문이다. "사람은 고생을 위하여 났으니 불꽃이 위로 날아가는 것 같으니라 나라면 하나님을 찾겠고 내 일을 하나님께 의탁하리라(욥 5:7, 8).

> "죄가 있어 매를 맞고 참으면 무슨 칭찬이 있으리요 그러나 선을 행함으로 고난을 받고 참으면 이는 하나님 앞에 아름다우니라(20절)."

'죄가 있어서 벌을 받고 참으면 무슨 자랑거리가 되겠는가? 그러나 선한 일을 하다가 고난을 받고 참으면 이것은 하나님 앞에서 칭찬을 받을 만한 일이다.'

이 구절에서는 위에서 언급한 세 가지 종류의 고난 가운데 두 번째와 세 번째의 종류가 언급되어 있다.

두 번째는 잘못해서 고통을 받는 경우다. 사람을 죽이거나 남의 것을 도둑질을 하거나 악행을 하거나 남의 일에 간섭하다(벧전 4:15) 고난을 받는 것이다. 그 같은 죄의 대가로 매를 맞으며 참는 것은 당연하므로 칭찬할 것이 없다. 악행으로 말미암아 고난을 참는 것은 아무런 가치가 없다.

세 번째는 올바른 행동을 했는데도 불의한 사람들 때문에 고통을 받는 경우다. 이 경우 하나님을 생각하고 슬픔을 참으면 아름답다. 성도가 선을 행하다가 억울하게 고통을 당하면서도 하나님을 생각하며 괴로움을 참으면 그것은 하나님 앞에 아름다운 덕을 이루게 된다.

하나님은 자기 백성이 고통을 당할 때 우리와 함께 하신다. 하나님이 피조물의 고통 속으로 들어오신다. 우리의 고통과 함께 울고 계시는 주님을 보라. 고통하시는 하나님이시다. 우리를 만드신 분이신데 어찌 아프지 않으시랴. 루터는 말한다. "우리 마음이 부서질 때 하나님의 마음도 부서진다."

그리스도인은 내 고통이 하나님의 고통으로 승화되는 기쁨을 맛본다. 그리고 하나님은 우리의 모든 환난에 동참하시고 안으시는 분이심을 깨닫게 된다. "주님께서는, 그들이 고난을 받을 때에 주님께서도 친히 고난을 받으셨습니다. 천사를 보내셔서 그들을 구하게 하시지 않고 주님께서 친히 그들을 구해 주셨습니다. 사랑과 긍휼로 그들을 구하여 주시고, 옛적 오랜 세월 동안 그들을 치켜들고 안아 주셨습니다(사 63:9 새번역)."

8. 순종의 모범되신 그리스도(21-25절): 본이 되신 그리스도를 따르라

21. 이를 위하여 너희가 부르심을 받았으니 그리스도도 너희를 위하여 고난을 받으사 너희에게 본을 끼쳐 그 자취를 따라오게 하려 하셨느니라
22. 그는 죄를 범하지 아니하시고 그 입에 거짓도 없으시며
23. 욕을 당하시되 맞대어 욕하지 아니하시고 고난을 당하시되 위협하지 아니하시고 오직 공의로 심판하시는 이에게 부탁하시며
24. 친히 나무에 달려 그 몸으로 우리 죄를 담당하셨으니 이는 우리로 죄에 대하여 죽고 의에 대하여 살게 하려 하심이라 그가 채찍에 맞음으로 너희는 나음을 얻었나니
25. 너희가 전에는 양과 같이 길을 잃었더니 이제는 너희 영혼의 목자와 감독되신 이에게 돌아왔느니라

> "이를 위하여 너희가 부르심을 받았으니 그리스도도 너희를 위하여 고난을 받으사 너희에게 본을 끼쳐 그 자취를 따라오게 하려 하셨느니라(21절)."

'바로 이것을 위하여 성도 여러분은 부르심을 받았다. 그리스도께서는 여러분을 위하여 고난을 받으심으로써 여러분에게 모범을 보여 그분의 발자취를 따르게 하셨다.'

이 구절은 종들뿐 아니라 모든 성도들에게 적용되는 말이다. 예수님은 고난의 종으로 오셨다(사 53장). 그리고 우리에게 고난의 발자국을 남겨 주셨다. 우리도 주님이 보여주신 모범을 따라 고난의 길을 가야 한다.

'본(*hypogrammon*, example)을 끼쳐.' 그리스도가 고난을 인내하는 데 있어서 모범이 되셨음을 말한다. 죄 없으신 예수님이 억울하게 고난을 받으셨을

뿐 아니라 그 고난을 사랑으로 인내하심으로 모범을 보이셨다. 이제 그리스도의 제자인 우리가 불의한 자로 인해 고난 받는 것은 작으나마 주님을 따라 가는 것이다. 주님이 보이신 그 모범의 길을 따라 순종의 삶을 살면서 풍성한 열매를 맺어야 한다.

"그는 죄를 범하지 아니하시고 그 입에 거짓도 없으시며(22절)."

'그는 죄를 지으신 일이 없고 그의 입에서는 아무런 거짓도 없는 분이시다.' 죄를 범하지 아니 하시고,' 여기서 '죄(*hamartian*, sin)'는 문자적으로 '과녁을 벗어나는 것,' 곧 하나님이 정하신 규범을 어기는 것이다. 성경은 여러 곳에서 그리스도의 무죄성을 증언하고 있다(벧전 1:19, 행 3:14, 고후 5:21, 히 4:15, 7:26, 요일 3:5). '거짓도 없으시다' 는 것은 거짓(*dolos*, trickery), 곧 사기나 협잡으로 남을 속이는 것이 없다는 뜻이다. 이것은 예수님이 죄와 전혀 상관없고, 잘못이나 거짓이 없으신 분이심을 보여준다.

"욕을 당하시되 맞대어 욕하지 아니하시고 고난을 당하시되 위협하지 아니하시고 오직 공의로 심판하시는 이에게 부탁하시며(23절)."

'예수님은 모욕을 당하셨으나 모욕으로 갚지 않으시고, 고난을 당하셨으나 위협하지 않으시고, 모든 것을 공정하게 심판하시는 하나님께 맡기셨다.'

예수님은 아무 죄도 없이 고난을 받으셨으나 악을 악으로 갚지 않고 오직 하나님께 심판을 맡긴 채 십자가에 달려 돌아가셨음을 말하고 있다. 예수님이 인간의 방법으로 복수하셨다면 어떻게 되었을까? 구원의 역사는 없다. 우리는 구원받지 못했다. 주님이 당하신 고난은 우리의 생명을 구하는 구명조끼가 되었다.

'위협하지 아니하시고(*ouk epeilei*, not threatened)' 는 최후의 심문에서도

침묵으로 일관하셨음을 가리킨다. 주님께서 인내하는 모습이 마태복음 27:12-14, 34-44에 기록되어 있다.

'오직 공의로 심판하시는 이에게 부탁하시며.' 성자 예수님은 천사를 동원해 보복할 수 있었다. 하지만 고난을 참으시고 보복하지 않으셨다. 예수님은 모욕을 당하면서도 맞대응하지 않으셨다. 그리고 그 판결을 공의로우신 성부 하나님께 의탁하셨다(벧전 4:19).

성도들은 주님이 우리를 위해 당하신 고난과 고통을 생각하며 원수에게 보복하려들지 말고 심판장이신 하나님께 의탁해야 한다(신 32:35, 롬 12:19). 고난은 하나님이 우리로 올바른 길로 가게 하는 뜻이 있다. 일탈을 막고 하나님의 길로 가게 한다. 고난은 우리로 깊은 성찰의 길로 나아가게 하고, 하나님의 큰 그림을 보게 한다.

> "친히 나무에 달려 그 몸으로 우리 죄를 담당하셨으니 이는 우리로 죄에 대하여 죽고 의에 대하여 살게 하려 하심이라 그가 채찍에 맞음으로 너희는 나음을 얻었나니(24절)."

'그리스도께서 몸소 우리 죄를 지시고 나무에 달리셨다. 그로 인해 우리는 죄에 대하여 죽고 의를 위해 살게 하시려는 것이었다. 그가 매를 맞고 상처를 입으심으로 여러분이 나음을 얻게 되었다.'

'나무에 달려' 에서 '나무(*to xylon*, the tree)' 는 주님이 달리셨던 십자가를 가리킨다. 신명기 21:23에 '나무에 달린 자는 하나님께 저주를 받았음이니라' 했다. 예수님은 우리가 당할 저주를 짊어지시고 나무, 곧 십자가 위에서 희생 제물이 되셨다. 이것은 우리를 죄의 권세에서 끌어내 살리시기 위함이었다.

'우리 죄를 담당하셨으니(*anenenken*, bore).' 베드로는 여기서 예수님께서 우리 죄를 담당하심, 곧 그리스도의 대속성을 말하고 있다.

'이는 우리로 죄에 대하여 죽고 의에 대하여 살게 하려 하심이라.' 우리는 그리스도와 함께 죄에 대하여(*tais hamartiais*, to sins) 죽고, 또한 그리스도와 함께 의에 대하여(*te dikaiosyne*, to righteousness) 살게 된다(롬 6:1-11).

'나음을 얻었나니(*iathete*, you have been healed).' 우리는 주님이 매를 맞고 상처(*molopi*, wounds)를 입으심으로 인해 나음을 얻었다. 이것은 단순히 육체적인 치유를 가리키지 않고 영적인 치유를 가리킨다. 죄로부터 자유함을 얻었기 때문이다. 이 치유는 구원의 다른 표현이다.

> "너희가 전에는 양과 같이 길을 잃었더니 이제는 너희 영혼의 목자와 감독 되신 이에게 돌아왔느니라(25절)."

'여러분이 전에는 양처럼 길을 잃고 방황했다. 그러나 지금은 여러분의 영혼의 목자와 감독자가 되시는 그리스도에게 돌아왔다.' 전에는 길 잃은 양이었지만 이제는 목자의 품에 안기게 되었다는 것이다.

'너희 영혼의 목자와 감독 되신 이'는 모두 예수 그리스도를 가리킨다. 목자(*ton Poimena*, the Shepherd)라는 용어는, 구약에서 하나님에 대해서 사용되었고(시 23:1, 겔 34:23), 신약에서는 그리스도께 대하여 사용되었다(마 25;32). 감독(*Episkopon*, Overseer, Bishop, Guardian)은 지도자나 관리자를 일컫는 것으로 이 용어는 주로 초대교회에서 목사나 장로를 가리키는 것으로 사용되었다. 장로는 양떼인 교인들을 위한 목자인 동시에 감독이라는 두 가지 기능을 담당하였다.

베드로전서 3장

1. 아내의 순종(1-4절):
아내들아 이와 같이 자기 남편에게 순종하라

1. 아내들아 이와 같이 자기 남편에게 순종하라 이는 혹 말씀을 순종하지 않는 자라도 말로 말미암지 않고 그 아내의 행실로 말미암아 구원을 받게 하려 함이니
2. 너희의 두려워하며 정결한 행실을 봄이라
3. 너희의 단장은 머리를 꾸미고 금을 차고 아름다운 옷을 입는 외모로 하지 말고
4. 오직 마음에 숨은 사람을 온유하고 안정한 심령의 썩지 아니할 것으로 하라 이는 하나님 앞에 값진 것이니라

"아내들아 이와 같이 자기 남편에게 순종하라 이는 혹 말씀을 순종하지 않는 자라도 말로 말미암지 않고 그 아내의 행실로 말미암아 구원을 받게 하려 함이니(1절)."

'아내가 된 여러분이어, 이와 같이 자기 남편에게 순복하라. 그리하면 비록 주님의 말씀을 믿지 않는 남편이라 할지라도, 말없이 실천하는 여러분의 행동을 보고 하나님을 믿게 될 것이다.'

‘이와 같이(*homoios*, likewise)’ 는 성도들이 정부나 상전에게 복종할 것을 가르친 베드로가 아내들도 그렇게 순종하라는 것이다. 성도들이 권세에 순종하고, 종들이 주인에게 순종하듯 해야 한다는 것이다. 순종(*hypotas*, obedience, submission)은 자신을 스스로 복종시키는 것으로, 남녀 간에 인격적인 우열이 있기 때문이 아니라 가정의 질서를 위한 것이다. 순종은 능력이 문제가 아니라 역할과 위치, 곧 질서를 위한 것이다.

베드로는 이 구절을 통해 그리스도인, 특히 부녀자들이 가정에서 힘쓸 의무에 대해 논하고 있다. 가정은 사회구성의 기초적 단위로, 가정 문제 중 특히 부부 사이에 신앙적인 문제로 갈등할 수 있음을 전제하고 있다. 당시 교회에는 오늘날과 마찬가지로 부부 중에 한쪽이 불신자인 경우가 많았다. 그리스도만을 주로 섬긴다는 이유로 상대방의 정당한 권리나 인격이 무시될 수 있었다. 따라서 베드로는 하나님이 세우신 창조질서에 근거해 아내와 남편의 마땅한 의무와 도리를 제시하고 있다.

‘말씀을 순종하지 않는 자’ 는 남편이 이방인이거나 그리스도의 말씀을 따르지 않는 자, 곧 주님을 믿지 않는 자를 가리킨다. 여기서 ‘말씀(*logos*, word)’ 은 복음을 의미한다.

‘말로 말미암지 않고 그 아내의 행실로 말미암아.’ 아내는 남편에게 복종하되 말을 많이 하지 아니하고 행동의 모범을 보임으로써 남편이 아내의 행위를 보고 주를 경외하도록 해야 한다는 것이다. 이 구절은 나 자신의 행위를 통해 가정이 거룩해질 수 있음을 보여준다. 거룩한 영향력(고전 7:14)이다. 개인의 변화가 가정의 변화를 이끈다. 속사람을 새롭게 하고 잠언 31장의 현숙한 여인처럼 행동할 때 좋은 결과를 얻을 수 있다.

‘구원을 받게 하려 함이니.’ 하나님을 믿고 구원을 얻게 하려는 것이다. ‘구원을 받게 하려(*kerdethesontai*, they will be won over)’ 는 문자적으로

'유익이 되게 한다' 는 뜻을 가지고 있다. 아내의 정결한 행실, 온전한 행동이 남편을 구원하는 데 도움이 된다. 구원은 개인적으로 그 어느 것과 비교할 수 없는 유익이 될 뿐 아니라 하나님 나라와 그리스도의 영광을 위해서도 유익이 된다.

부부는 서로를 가리켜 여보(如寶), 또는 당신(當身)이라 부른다. 여보는 '보배와 같은 당신' 이라는 뜻이며 당신은 '자신의 몸처럼 사랑해야 할 사람' 이라는 뜻이다. 상대가 이렇듯 귀한데 그를 구원의 자리로 이끄는 것은 얼마나 귀한 일인가. 구원 문제에 관한 한 나는 나로 끝나지 않는다. 우리 각자는 우리 가족의 구원을 위한 하나님 나라의 대사이다(고후 5:20).

"너희의 두려워하며 정결한 행실을 봄이라(2절)."

'남편들은 여성도 여러분이 하나님을 섬기면서 깨끗한 생활을 하는 것을 지켜보고 있다.' '두려워하며 정결한 행실(*ten hagnen anastrophen en phobo*, the pure conduct in respect, your chaste and respectful behavior, NASB, the purity and reverence of your lives, NIV)' 은 하나님을 두려워하는 마음에서 우러나오는 경건하고 순결한 행동을 뜻한다. 남편들은 교회를 다니는 아내들의 이 같은 행동을 눈여겨보고 있으니 신앙생활을 하면서 깨끗한 생활을 하라는 것이다. 그러면 아내의 행실을 보고 믿게 될 것이다.

"너희의 단장은 머리를 꾸미고 금을 차고 아름다운 옷을 입는 외모로 하지 말고(3절)."

'여성도 여러분은 머리를 꾸미며 금붙이를 달거나 옷을 차려 입거나 하여 겉치장을 하지 말라.'

머리를 꾸미는 따위의 행동만 하지 말라. 겉모양만 화려하게 꾸미지 말라는 것이다. 여성도의 아름다움은 외적인 단장(outward adornment)에서 나오는 것이 아니기 때문이다.

'외모로 하지 말고'는 외모보다는 속마음을 치장하는 데 힘쓰라는 것이다. 여성의 경우 외모는 중하다. 외모가 중시되지 않는 시대는 없다. 하지만 신앙생활을 하는 자에게는 외모보다 더 중요한 것이 있다. 내면의 아름다움, 마음의 결이다. 여인의 단장은 그 성품에서 나타나는 것이며 옷차림에 있지 않다. 베드로는 내면의 아름다운 가치를 강조하였다. 내면의 아름다움은 외모보다 더 빛을 발한다. 남편의 구원을 가져올 수 있을 만큼 힘이 있다. 그러므로 아내들이어, 외모가 아니라 마음을 먼저 단장하라는 것이다.

속마음을 치장하고자 할 때 각 나라마다 내면의 역량에 자극받는 코드가 다르다. 미국이나 일본은 정직을 중시하고, 한국은 부모공경에, 동남아는 나이 들어 분노하는 것에 관심을 둔다. 바울은 값진 옷이 아니라 선행에 가치를 두었다. "또 이와 같이 여자들도 단정하게 옷을 입으며 소박함과 정절로써 자기를 단장하고 땋은 머리와 금이나 진주나 값진 옷으로 하지 말고 오직 선행으로 하기를 원하노라 이것이 하나님을 경외한다 하는 자들에게 마땅한 것이니라(딤전 2:9, 10)."

> "오직 마음에 숨은 사람을 온유하고 안정한 심령의 썩지 아니할 것으로 하라 이는 하나님 앞에 값진 것이니라(4절)."

'오직 썩지 않는 온유하고 정숙한 마음가짐으로 속사람을 아름답게 단장하도록 하라. 그것이 하나님께서 보시기에 매우 귀한 것이다.'

'마음에 숨은(*ho kryptos tes kardias*, the hidden of heart) 사람'은 바울이 말한바 속사람(your inner self)과 같다(롬 7:22, 고후 4:16, 엡 3:16). 그리스도를 믿음으로 새롭게 된 사람, 우리의 심령 가운데 그리스도의 형상을 닮아가려는 인격을 가리킨다. 이것은 외모로 단장한 겉 사람과 대조된다.

'온유하고 안정한 심령(the gentle and quiet spirit)의 썩지 아니할 것으로 하라'는 것은 외모의 장신구로 치장하지 말고 심령의 장신구로 단장하여 그리스도를 닮아가라는 것이다. 온유하고 정숙한 마음, 썩지 않는 마음으로 속사람을 단장하라는 것이다. 온유하고 안정한 심령을 가진 아내는 집안을 내면적으로 안정시키고 영적으로 아름다움을 넘치게 한다. 그 아름다움은 눈을 감아도 보인다.

'썩지 아니할 것(the imperishable)'은 하나님 앞에 아름다운 것, 질적으로 아름다운 것이다. 이것은 영원히 지속되고 영원한 유업을 가져오게 한다. 유행을 타지 않고, 나이가 먹어도 변하지 않는다. 내면의 아름다움은 나이가 들수록 오히려 더 드러난다.

그럴 이유가 있다. '이는 하나님 앞에 값진 것(*polyteles*, great worth)이니라.' 바로 그것이 하나님 보시기에 귀하기 때문이다. 그러므로 외모에 집중하는 인간의 눈을 의식할 것이 아니라 하나님이 기뻐하시는 것이 무엇인가를 생각하고, 그 길을 택해야 한다.

2. 사라의 모범(5-6절): 아브라함을 주라 칭하여 순종하였다

---

5. 전에 하나님께 소망을 두었던 거룩한 부녀들도 이와 같이 자기 남편에게 순종함으로 자기를 단장하였나니
6. 사라가 아브라함을 주라 칭하여 순종한 것 같이 너희는 선을 행하고 아무 두려운 일에도 놀라지 아니하면 그의 딸이 된 것이니라

> "전에 하나님께 소망을 두었던 거룩한 부녀들도 이와 같이 자기 남편에게 순종함으로 자기를 단장하였나니(5절)."

'옛날 하나님께 소망을 두었던 거룩한 여자들도 이처럼 자기 남편에게 순종함으로 자기를 꾸몄다.'

'전에 하나님께 소망을 두고 살던 거룩한 부녀들'은 여성으로서 믿음의 선조들을 가리킨다. 그들은 남편에게 순종함으로써 자기를 단장했다. 믿음으로 단장된 순종이다. 베드로는 이 구절을 통해 남편에게 순종하는 것을 하나님께 소망을 둔 자로서 마땅한 행위로 보았다.

> "사라가 아브라함을 주라 칭하여 순종한 것 같이 너희는 선을 행하고 아무 두려운 일에도 놀라지 아니하면 그의 딸이 된 것이니라(6절)."

'사라는 자기 남편인 아브라함을 주라고 부르며 그에게 복종했다. 따라서 여성도 여러분도 사라를 본받아 어떤 일에도 두려워하지 않고 선한 일을 하면 그녀의 딸이 된다.' 베드로는 이 구절에서는 사라의 예를 들어 남편에 대한 아내의 순종을 권면하고 있다.

'아브라함을 주라 칭하여 순종한 것 같이,' 남편을 한 번만 '주(*kyrion*, lord)'라 칭한 것이 아니라 계속해서 주라 했다. 계속해서 남편을 '주'라 부른 것은 남편에서 순종했음을 보여준다. 지속적으로 순종의 모범을 보여준 것이다.

'그의 딸이 된 것이니라.' 사라가 보여준 믿음의 본을 잇는다는 점에서 순종과 믿음의 덕을 지닌 부녀들을 가리켜 '그의 딸'이라 했다. 믿음으로 그리스도인들이 아브라함의 후손이 된 것 같이(갈 3:7), 그리스도인 부녀자들도 믿음으로 말미암아 사라의 딸이 된다. 거룩한 부녀들이 그의 딸이 되는 것이다. 그리스도인 부녀자들이 어려운 재난이 닥쳐도 하나님을 믿는 마음으로 두려워하지 않고 선을 행하면 그의 딸이 된다. 사라의 딸이 된다는 것은 열국의 어미, 생수의 근원이 된다는 말이다. 약속을 받은 자는 세상의 어려움이 와도 놀라지 않는다.

3. 남편들을 향한 권고(7절): 아내를 귀히 여기라

---

7. 남편들아 이와 같이 지식을 따라 너희 아내와 동거하고 그를 더 연약한 그릇이요 또 생명의 은혜를 함께 이어받을 자로 알아 귀히 여기라 이는 너희 기도가 막히지 아니하게 하려 함이라

> "남편들아 이와 같이 지식을 따라 너희 아내와 동거하고 그를 더 연약한 그릇이요 또 생명의 은혜를 함께 이어받을 자로 알아 귀히 여기라 이는 너희 기도가 막히지 아니하게 하려 함이라(7절)."

'남편 된 여러분은 아내를 잘 이해하며 함께 살아가라. 아내는 더 연약한 그릇이며 은혜로 주시는 영원한 생명을 함께 누릴 반려자로 알고 소중하게 여기라. 이것은 여러분의 기도 생활에 방해를 받지 않기 위해서이다.'

'지식을 따라 너희 아내와 동거하고.' '지식을 따라(*kata gnosin*, according to knowledge)' 는 크게 두 가지로 해석된다. 하나는, 아내에 대한 깊은 이해와 분별력을 가지고 함께 살라는 것이다. 여기서 가정에 대한 하나님의 깊은 통찰을 발견하게 된다. 무엇보다 아내에 대한 깊은 이해가 있어야 한다. 다른 하나는, 하나님께서 결혼을 제정하신 본래 목적에 대한 지식을 의미한다는 것이다. 동거(dwelling, live with your wife)는 한 방을 쓴다, 함께 산다는 뜻이

다. 한 마디로 하나님이 가정을 주셨기 때문에 아내를 잘 이해하며 살라는 것이다.

베드로의 이 권고에 따르면 남편은 아내를 잘 알 필요가 있다. 기업에서 지식경영이 필요하듯 남편도 가정이 무엇이며 아내가 어떤 사람인지를 배울 필요가 있다. 무엇보다 남녀의 차이를 이해한다.

부부는 어떻게 다를까? 일반적으로 남성이 단일채널(mono)이라면 여성은 다중채널(multi)이다. 남성이 무리동물이라면 여성은 개별동물이다. 남성은 친구들과 몰려다니지만 여성은 남편 한 사람의 관계를 중시한다. 남성은 칭찬에 약하지만 여성은 이벤트에 약하다. 아내의 생일, 결혼기념일은 물론 보통 때 아내를 위해 외식이나 작은 배려를 하면 감동한다. 남편은 누구보다 하나님이 주신 가정 안에서 아내를 이해하고 살아야 할 책임이 있다.

'아내를 귀히 여기라(treat them with respect).' '귀히 여기라(*aponemontes timen*, rendering honor)' 는 문자적으로 '값을 지불하라' 는 것이다. 연약한 여자의 특성에 알맞은 온유함으로 대하라는 것이다.

베드로는 아내를 존중하고, 가치 있게 여기도록 했다. 여성의 지위가 낮게 평가되던 시대에 베드로의 이 말은 매우 놀라운 선언이다. 아내를 어떻게 대하느냐에 따라 그 사람의 인격이 드러난다. 아내를 집안의 해(안해)로 대한다. 아내를 귀히 여기고 사랑하면 자식들도 정서적으로 안정을 하게 된다. 아내를 존중할수록 아내는 변한다. 아내를 존중하고 그의 재능이 잘 발휘하도록 한다. 아내는 알맹이가 가득한 석류와 같다. 남편이 가장으로서 역할을 잘 하면 집안이 평안하고, 영적으로 풍성해진다.

남편이 아내를 위한 가장 좋은 선택은 아내를 존중하는 것이다. 남편이 아내를 왕후로 대하면 왕후인 아내가 남편을 왕으로 대할 것이다. 잠언 기자는 아내를 얻는 자가 복을 받는다(잠 18:22) 했다. 보아스가 룻을 존중하자 이새를 낳았고, 다윗에 이어 예수를 낳게 되었다.

베드로는 아내를 존중해야 할 이유에 대해 두 가지를 제시하고 있다.

첫째, 아내는 연약한 그릇(*asthenestero skeuei*, the weaker vessel)이다. NIV에서는 연약한 파트너(the weaker partner)라 했다. 연약한 그릇이라 함은 육체적으로 힘이 약할 뿐 아니라 감정적으로도 잘 깨어지기 쉽다는 것이다. 지적으로나 영적으로 차이가 있다는 것은 아니다. 남자보다 쉽게 상처를 받는다. 아내를 향해 '왜 자꾸 바가지를 긁느냐' 말하지 말고 그것이 아내가 깨어지는 소리임을 깨닫고 아내를 적극적으로 보호하는 조치를 취해야 한다.

둘째, 아내는 생명을 함께 이어받을 자(*synkleronomois*, joint-heirs)이다. 당시 여자는 도구에 지나지 않았다. 남녀차별이 심했고, 여성은 성전에도 들어오지 못했다. 그런데 베드로는 아내를 가리켜 '생명을 함께 이어 받을 자'로 인정했다. 가히 혁명적인 표현이 아닐 수 없다.

아내는 '돕는 배필(*ezer kenegdow*, a suitable helper, 창 2:20)' 이다. 이화여대 백소영 교수는, '돕는 배필' 은 내조자나 보조자가 아니라 사랑의 관계 안에서 곁에 서서 동등하게 마주보고 응시하며 도움을 주는 짝(partner)이라 했다. 아내는 파트너로서 남편을 적극적으로 도우며 산다. 자기 자신을 위해 살지 않을 만큼 헌신적이다. 가정을 가정답게 만들기 위해 최선을 다한다. 따라서 남편은 영적 기사도를 발휘해야 한다. 여성으로서 자기보다 연약한 그릇임을 이해하고, 생명의 은혜를 함께 상속받을 사람으로 알고 존중하며 가정을 하나님이 기뻐하시는 가정으로 만들어야 한다.

'너희 기도가 막히지 아니하게(*me enkoptesthai*, not to be hindered) 하려함이라.' 남편이든 아내든 위에 언급한 말씀대로 살아야 기도가 막히지 않는다. 이것은 가정생활이 영성에 영향을 준다는 것을 보여준다. '막히지 않는다' 는 것은 차단되거나 전진을 막는 일이 발생하지 않는다는 것이다.

아내를 경멸하고 천대한다면 하나님 앞에 진정한 기도를 드릴 수 없다. 아내를 존중하지 않으면서 하나님께 기도하면 하나님께서도 그 기도를 들어주시지 않을 것이다. 아내의 마음 문이 닫히면 하늘문도 닫힌다. 아내는 남편의 정직성을 원한다. 삶이 투명해야 한다. 정직이 신뢰를 낳는다. 그렇지 않다면 하루라도 빨리 도덕성을 회복할 필요가 있다. "나의 기도와 하나님의 응답 사이를 가로 막고 있는 것은 아내의 원망이다." 아내의 원망이 나오지 않게 하라.

4. 인간관계 1(8-9절): 형제를 사랑하고 복을 빌라

---

8. 마지막으로 말하노니 너희가 다 마음을 같이하여 동정하며 형제를 사랑하며 불쌍히 여기며 겸손하며
9. 악을 악으로, 욕을 욕으로 갚지 말고 도리어 복을 빌라 이를 위하여 너희가 부르심을 받았으니 이는 복을 이어받게 하려 하심이라

> "마지막으로 말하노니 너희가 다 마음을 같이하여 동정하며 형제를 사랑하며 불쌍히 여기며 겸손하며(8절)."

'마지막으로 말한다. 성도 여러분은 모두 한 마음을 품으며 서로 동정하고 형제처럼 사랑하고 불쌍히 여기며 겸손 하라.'

8-12절은 고난을 당하는 가운데 있는 성도들이 어떻게 인간관계를 유지하며 살아야하는가를 보여준다. 서로 사랑할 것을 강조하고 있다.

'마지막으로(*to de telos*, now the end, finally)' 는 새로운 내용을 전개하기 위한 전환적 어조를 나타내는 말이다. 지금까지 말한 부부관계를 넘어서서 다른 차원에서 말을 하겠다는 것이다.

이 구절에서는 다섯 가지를 강조하고 있다.

(1) '다 마음을 같이 하여(*homophrones*, single-minded).' 성도들 모두 상호 간에 단합할 것을 강조하고 있다. 함께 조화를 이루며 산다(live in harmony with one another).

(2) '동정하며(*sympatheis*, sympathetic).' 동정의 마음을 가진다. 이웃이 기뻐할 때 같이 기뻐하고, 슬퍼할 때 같이 슬퍼하는 것을 말한다.

(3) '형제를 사랑하며(*philadelphoi*, loving as brothers).' 성도는 영적인 가족이다. 그러므로 형제애를 발휘하며 살라는 것이다.

(4) '불쌍히 여기며(*eusplanchnoi*, tender-hearted).' 아픔을 보면 자신의 애간장이 끊어지는 아픔을 느낄 만큼 불쌍히 여기라(be compassionate)는 것이다.

(5) '겸손 하라(*tapeinophrones*, humble).' 낮은 마음과 자세를 유지하며 서로 존중한다. 무엇보다 교만하지 않아야 한다. 교만은 높아진 마음이다. 우리는 먼지(시 103:14), 곧 흙뿐임을 기억해야 한다.

> "악을 악으로, 욕을 욕으로 갚지 말고 도리어 복을 빌라 이를 위하여 너희가 부르심을 받았으니 이는 복을 이어받게 하려 하심이라(9절)."

'악(*kakou*, evil)을 악으로 갚는다든지, 모욕(*loidorias*, insult)을 모욕으로 갚지 말고 오히려 축복하라. 그것은 여러분이 하나님의 복을 받아 누리도록 부르심을 받았기 때문이다.'

악을 행하는 자에게는 복수를 하지 말고 오히려 축복하도록 한다. 당시 믿지 않는 사람들은 기독교인을 향해 '크리스천 개들' 이라 욕했다. 그렇게 욕하는 그들을 향해 '믿지 않는 돼지' 라 응수하고 싶었을 것이다. 하지만 그리하고 싶다 해도 그러지 말라, 하나님을 신뢰하고 보복하지 말라는 것이다. 악을 행하는 자에 대한 이러한 태도는 로마서 12:17(아무에게도 악을 악으로 갚지 말고 모든 사람 앞에서 선한 일을 도모하라)에도 잘 나타나 있다. '그리스도인은 아무 이유 없이 용서하는 사람이다(C.S. 루이스).' '용서하라. 그래야 나쁜 사람이 하나 더 늘지 않는다(아우구스티누스).'

'도리어 복을 빌라(*de eulogountes*, however blessing).' 문자적으로는 '복으로 보답하라'는 뜻이다(마 5:44). 아주 무게 있는 말로, 격을 한 단계 올리라는 것이다. 악을 악으로 갚지 않고 욕을 욕으로 갚지 않는 자는 복 받을 자, 곧 악을 복으로 바꿀 자이다. 당장 복을 빌기 어렵다 해도 주님을 생각하며 순종하는 자리에 나아가면 자신도 모르게 용서하는 사람으로 바뀐다.

여기서는 그 목적이 복을 물려받기 위한 것으로 나타나 있다. 그러나 복을 받기 위해 그렇게 해야 한다기보다 그렇게 행하는 결과 복을 받게 될 것이라는 차원에서 이해하는 것이 바람직하다. 축복을 받기 위해 그렇게 하겠다는 것은 이기적인 발상으로, 이런 경우 진정으로 남을 축복할 수 없기 때문이다. 힘들어도 복을 비는 자가 승리하는 자다. 상대가 그 복을 받을 자격이 없으면 그 복이 나에게 돌아올 것이다. 하나님은 순종하는 사람에게 복을 주신다.

그리스도인에게 있어서 근본적인 삶의 태도는 남을 축복하되 선을 행하는 자에게뿐 아니라 악을 행하는 자에게도 사랑하며 불쌍히 여기며 겸손해야 한다는 것이다. 이것이 그리스도인의 본분이요 하나님이 우리를 택하신 이유라는 것이다. 따라서 악에 대한 저항도 이런 차원에서 행해져야 한다.

베드로의 이러한 교훈은 저주하는 자를 위해 축복하고, 모욕하는 자를 위해 기도하며 왼뺨을 맞거든 오른뺨을 갖다 대라고 하신 예수님의 가르침에 근거한 것이다

> "그러나 너희 듣는 자에게 내가 이르노니 너희 원수를 사랑하며 너희를 미워하는 자를 선대하며 너희를 저주하는 자를 위하여 축복하며 너희를 모욕하는 자를 위하여 기도하라 너의 이 뺨을 치는 자에게 저 뺨도 돌

려대며 네 겉옷을 빼앗는 자에게 속옷도 거절하지 말라."(눅 6:27-29).

하나님이 우리(원수)를 사랑하신 것처럼 우리도 원수를 사랑해야 한다. 원수는 하나님이 우리에게 주신 선물이다. 싫어하든 좋아하든 우리가 선택할 수 있는 것이 아니다. 그러나 그들을 저주할 것인가 축복하고 그들을 위해 기도할 것인가는 선택할 수 있다. 시각은 네 가지 종류가 있다. 미래의 시각(foresight), 과거로 돌아가는 시각(hind sight), 현재라는 틀 속에서의 식각(insight), 그리고 하나님의 시각(divine sight)이다. 이 가운데 하나님의 시각을 가지는 것이 가장 중요하다. 원수로 인해 낙심하지 말라. 낙심하면 원수의 올무에 빠지는 것이다.

5. 인간관계 2(10-12): 악한 말을 그치며 선을 행하라

---

10. 그러므로 생명을 사랑하고 좋은 날 보기를 원하는 자는 혀를 금하여 악한 말을 그치며 그 입술로 거짓을 말하지 말고
11. 악에서 떠나 선을 행하고 화평을 구하며 그것을 따르라
12. 주의 눈은 의인을 향하시고 그의 귀는 의인의 간구에 기울이시되 주의 얼굴은 악행하는 자들을 대하시느니라 하였느니라

"그러므로 생명을 사랑하고 좋은 날 보기를 원하는 자는 혀를 금하여 악한 말을 그치며 그 입술로 거짓을 말하지 말고(10절)."

'생명을 사랑하고, 좋은 날을 보려고 하는 사람은 혀를 다스려 악한 말을 하지 못하게 하며, 입술을 닫아서 거짓말을 하지 못하게 하라.'

10-12절은 악을 행하는 자들을 오히려 축복하라는 위의 가르침을 더 자세히 보여주기 위해서 베드로는 시편 34:12-16을 인용하고 있다. 주님께 충성

했을 때 당연히 당하게 되는 고난이라는 주제로 넘어가면서 베드로는 시편의 말씀을 인용하고 있다. 그 인용문에 따르면 그처럼 행동하는 자는 그의 삶을 매우 즐겁게 보낼 수 있고, 그의 삶은 가치가 있게 된다.

'생명을 사랑하고 좋은 날 보기를 원하는 자' 는 생명을 사랑하며 행복한 생활을 원하는 성도를 가리킨다. '생명(*zoe*, life)을 사랑하고' 는 모든 생활에 만족하고 감사하게 생각하며 사는 축복을 뜻한다. '좋은 날(*agathas* hemeras, good days)' 은 행복하게 장수하는 축복을 뜻한다.

그런 성도가 해서는 안 될 두 가지가 있다. 하나는 악한 말이고, 다른 하나는 거짓말이다.

우리는 여기서 혀를 금하여 악한 말을 그치라는 명령에 주목할 필요가 있다. 그렇지 않으면 주의 진노를 피할 수 없을 것이다. 악한 말(*glossan apo kakou*, tongue from evil)은 '악에서 나온 말' 이다.

민수기 14장을 보면 이스라엘이 하나님을 향해 원망했고, 하나님은 그 원망의 말을 들으시고 '내 귀에 들린 대로 내가 너희에게 행하리니(민 14:27-28)' 하셨다. 결국 원망하던 그들은 가나안에 들어가지 못하고 광야에서 죽었다. 하나님을 향해 악한 말을 한 사람들이 축복을 받을 것이라 생각했다면 잘못이다.

예수님은 '독사의 자식들아 너희는 악하니 어떻게 선한 말을 할 수 있느냐 이는 마음에 가득한 것을 입으로 말함이라 [--] 사람이 무슨 무익한 말을 하든지 심판 날에 이에 대하여 심문을 받으리니 네 말로 의롭다 함을 받고 네 말로 정죄함을 받으리라(마 12:34, 36,37)' 하셨다. 이것은 '저주하기를 좋아하였으니, 그 저주가 그에게 내리게 하십시오. 축복하기를 싫어하였으니, 복이 그에게서 멀어지게 하십시오(시 109:17, 표준새번역)' 라는 시편의 말씀과 맥을 같이 한다.

선한 말, 긍정적인 말, 그리고 칭찬을 하며 살자. 남을 욕하고 비판하는 말은 하나님의 사람이 하는 말이 아니다. 바울은 '너희를 핍박하는 자를 축복하라 축복하고 저주하지 말라(롬 12:14)' 했다. 이것은 '너희를 저주하는 자를 위하여 축복하며 너희를 모욕하는 자를 위하여 기도하라(눅 6:28)' 는 예수님의 말씀과 같다. 예수님은 전도하러 갈 때 그 집에 들어가면서 평안하기를 빌라 하셨다. 그리고 '그 집이 이에 합당하면 너희 빈 평안이 거기 임할 것이요 만일 합당치 아니하면 그 평안이 너희에게 돌아올 것이니라(마 10:13)' 하셨다. 이것은 우리가 어떤 말을 하며 살아야 하는가를 가르쳐 준다. 악을 악으로 갚지 말자. 오히려 축복하고 복을 빌자.

말에는 각인력, 견인력, 성취력이 있다. 말은 뇌에 각인된다. 뇌세포 98%가 말에 지배를 받는다. 부정적인 말을 들으면 뇌세포가 살고자 하는 의욕보다 자신을 죽음으로 몰아간다. 말 한마디가 사람을 죽일 수 있는 것이다.

말엔 견인력이 있다. 운명을 끌고 가는 힘이 있다. 말이 내 삶을 끌고 가는 것이다. 말은 행동에 영향을 준다. 나에 대한 남의 말뿐 아니라 나에 대한 나의 말도 마찬가지다. 그러므로 좋은 말, 격려하는 말이 우리의 언어가 되어야 한다. 자학하는 말도 피하자.

말엔 성취력이 있다. 말대로 된다는 말이 있지 않은가. 예수님 사건을 놓고 빌라도가 소리치는 무리를 향해 '너희가 당하라.' 했다. 무리들은 '그 피를 우리와 우리 자손에게 돌릴지어다(마 27:25)' 하며 외쳤다. 훗날 유대인 600만이 나치에 의해 죽임을 당할 것을 알았다면 과연 그런 말을 쉽게 할 수 있었을까.

런던 히드로 공항 근처 공원에 12제자나무가 있다고 한다. 그 열두 나무가운데 유독 가룟 유다 나무는 다 자라지 못하고 시들어 죽었다. 이곳을 찾는 사람들이 그 나무를 향해 저주와 독설을 퍼부었기 때문이라고 한다. 우스개

이야기겠지만 이것은 말이 얼마나 무서운가를 보여준다. 심는 대로 거둔다. 당신이 선한 말을 하면 그것으로 인해 하나님으로부터 칭찬을 받을 것이다.

베드로는 거짓말(*lalesai dolon*, speak deceit)을 경계했다. 인간이 처음 하나님의 형상으로 거룩하게 지음 받았을 때에는 진실만 있을 뿐 거짓이 없었다. 그러나 아담이 범죄 한 이후 인간은 선악을 분별할 뿐 아니라 거짓말로 산악을 농락하는 자리까지 옴으로써 성결함을 잃어버렸다. 이제 인간은 진실과 거짓이라는 야누스적인 얼굴을 가지고 살아가고 있다. 거짓을 말하면서도 진실한 척한다. 진실을 말해도 믿어주는 사람도 없다.

거짓말에도 여러 종류가 있다.

(1) 잔인한(cruel) 거짓말: 불쾌, 분노, 원망 때문에 발생한다. 복수, 중상모략, 파괴적인 거짓말로 매우 지적인 성격을 띠고 있다.

(2) 비겁한(cowardly) 거짓말: 두려움 때문에 발생한다. 결과를 피하고 싶어서 하는 말로, 다가올 결과를 막고자 하는 거짓말이다. 아담이 한 거짓말이 이에 속한다.

(3) 자만의(conceited) 거짓말: 자신이 불안정하기 때문에 거짓말을 한다. 상대에게 좋은 인상을 주고 싶어서 부풀려 거짓말을 한다.

(4) 계산된(calculated) 거짓말: 이기심에서 나온 거짓말이다. 다른 사람을 조종하기 위해 거짓말을 한다.

(5) 편리한(convenient) 거짓말: 게으름에서 나온 거짓말이다. 기도도 안 해 주면서 "당신을 위해 기도해 줄게요." 말하는 것이 그 예다. 진실을 말하기에는 노력과 에너지가 필요하다.

우리의 삶 속에는 거짓말, 속임수, 부정직으로 가득 차 있다. 66%가 거짓을 용인하고 있으며, 33%만이 거짓은 안 된다고 말한다. 그리스도인은 거짓의 노예가 되어서는 안 된다.

"악에서 떠나 선을 행하고 화평을 구하며 그것을 따르라(11절)."

'악에서 떠나, 선을 행하며, 평화를 추구하며, 그것을 좇아라.' 그리스도인은 악에서 떠나야 하고(turn away from evil), 선한 일을 하며(do good), 평화(*eirene*, peace)를 추구해야 한다는 것이다.

화평은 무엇보다 하나님과 화목할 때 나온다. 성도의 화평은 세상 것에 눈을 돌리지 않고 영원한 하나님을 바라보는 데서 얻어진다. 따라서 하나님과 화목 하는 것이 중요하다(롬 5:10).

"주의 눈은 의인을 향하시고 그의 귀는 의인의 간구에 기울이시되 주의 얼굴은 악행 하는 자들을 대하시느니라 하였느니라(12절)."

'주님의 눈은 의인들을 굽어보시고, 주님의 귀는 그들의 간구를 들으신다. 그러나 주님은 악을 행하는 자들에게서는 얼굴을 돌리신다.' 악을 행하는 자들을 축복하면 하나님은 의인, 곧 성도를 보살피시고 그들의 기도를 들으신다. 하지만 하나님은 악행 하는 자들에게 진노를 발하시고 심판하신다. 의인이 그들을 선대함에도 불구하고 끝까지 회개하지 않기 때문이다.

'하나님의 눈은 의인(*dikaious*, the righteous)을 향하시고.' 주의 눈은 의로운 사람을 향하고 있다. 하나님의 눈은 늘 그를 축복하기 위해 지켜보신다.

'그의 귀는 의인의 간구(*deesin*, prayer)에 기울이시되.' 주님은 의인의 간구에 귀 기울이시고 그의 기도를 들으신다.

'주의 얼굴은 악행 하는 자들을 대하시느니라.' 하나님은 악을 행하는 자들을 대적하여(against) 땅에서 그들을 거역하는 자가 없도록 도말하신다(시 34:16). 이렇게 볼 때 하나님을 좇는 자들을 해하려는 모든 세력들은 하나님의 징계를 받게 된다. 심판 날에 그들은 부끄러움을 당한다. 하지만 그리스도를 주로 삼아 몸과 마음을 거룩하게 하고 주께 충성하는 자들은 하나님께서 갚아주신다. 이 모든 것을 미루어 볼 때 그리스도인은 만입(만개의 입)이 있어도 하나님을 다 찬양할 수 없다.

6. 고난에 대한 자세(13-17절):
두려워하지 말며 선한 양심을 가지라

---

13. 또 너희가 열심으로 선을 행하면 누가 너희를 해하리요
14. 그러나 의를 위하여 고난을 받으면 복 있는 자니 그들이 두려워하는 것을 두려워하지 말며 근심하지 말고
15. 너희 마음에 그리스도를 주로 삼아 거룩하게 하고 너희 속에 있는 소망에 관한 이유를 묻는 자에게는 대답할 것을 항상 준비하되 온유와 두려움으로 하고
16. 선한 양심을 가지라 이는 그리스도 안에 있는 너희의 선행을 욕하는 자들로 그 비방하는 일에 부끄러움을 당하게 하려 함이라
17. 선을 행함으로 고난 받는 것이 하나님의 뜻일진대 악을 행함으로 고난 받는 것보다 나으니라

13-17절은 고난과 시련에 관한 베드로의 권면이 담겨 있다. 고난이 오히려 축복이 되게 하라는 것이다. 베드로 당시 네로 황제에 의한 큰 핍박이 있었기 때문에 성도들에게 이 가르침을 줄 필요가 있었다. 그의 권면은 5:11까지 이어진다.

"또 너희가 열심으로 선을 행하면 누가 너희를 해하리요(13절)."

'여러분이 열심으로 선한 일을 한다면(eager to do good) 누가 해치겠는가.' 열심을 다해(*zelotai*, zealous) 선한 일을 하면 해칠 사람이 없다는 말이다. 선을 향한 열정을 가지도록 하고 있다. '너희 안에서 착한 일을 시작하신 이가 그리스도 예수의 날까지 이루실 줄을 우리는 확신하노라(빌 1:6).'

'선을 행하면.' 선을 행하는 사람에게는 하나님이 함께 하시므로 그를 대적할 자가 없다(롬 8:31).

> "그러나 의를 위하여 고난을 받으면 복 있는 자니 그들이 두려워하는 것을 두려워하지 말며 근심하지 말고(14절)."

'그러나 옳은 일(의)을 위해 고난을 받는다면 여러분은 복이 있다. 그러므로 사람들이 협박을 하더라도 겁내거나 무서워하지 말라.'

'의를 위하여 고난을 받으면 복 있는 자니.' 하나님의 뜻을 따르려는 자에게는 반드시 고난이 따르기 마련이다. 하나님은 그들에게 이 세상의 것이 아닌 영원한 하늘나라의 복을 내리신다. 고난이 참된 축복의 통로라는 것이다. 따라서 고난을 피하지 않는 결단이 필요하다는 것이다. 베드로가 말하는 복(*makarios*, blessing)은 하나님께서 축복하심으로 오는 행복한 상태나 정의에 대한 보상, 곧 하나님의 선물이다. 참된 복은 마태복음 5장에 잘 나타나 있다.

'그들이 두려워하는 것을 두려워하지 말며 근심하지 말고.' 문자적으로는 '그들의 위협(*phobon*, the threats)을 무서워하지 말고(afraid), 흔들리지(troubled) 말라' 는 것이다.

이에 대해 다른 해석도 있다. '그들이 두려워하는 것' 은 불신자들이 가지는 두려움을 말한다. 그들이 두려워하는 것들은 재앙, 죽음, 권력 등으로 세상적인 것들이다. 베드로는 불신자들이 두려워하는 것을 두려워하지 말라는 것이다. 하나님을 믿는 사람들은 세상 사람들이 두려워하는 것을 두려워하지 않는다. 우리가 참으로 두려워해야 할 것은 전능하신 하나님 한분 뿐이시다. 따라서 이것은 오직 하나님만을 두려워하라(사 8:12, 13)는 것이다.

바로 이런 신앙에 굳게 선 성도들은 온갖 박해 가운데서도 흔들리거나 두려워하지 않고 영생의 소망을 견고하게 붙들며 살았다. 초대교회 성도들은 베드로의 이 교훈을 감사히 받고 박해를 이겨내 기독교를 로마 제국의 국교로 인정받기에 이르렀다.

> "너희 마음에 그리스도를 주로 삼아 거룩하게 하고 너희 속에 있는 소망에 관한 이유를 묻는 자에게는 대답할 것을 항상 준비하되 온유와 두려움으로 하고(15절)."

'너희 속에 있는 소망에 관한 이유' 는 성도들이 박해 가운데서도 소망(*elpidos*, hope)을 가지고 기쁘게 사는 근거(*logon*, an account)를 말한다.

'대답할 것을 항상 준비하되.' 이방인들은 이런 성도들의 모습을 보며 의아한 마음이 생겨 묻게 될 것이다. 이 경우를 대비해 대답할 것(*apologian*, a defense, 변증)할 것을 준비하라는 것이다. 변증은 무신론자뿐 아니라 다른 종교, 다른 신앙, 다른 신념을 가진 자들에게 행해진다.

'온유와 두려움으로 하고.' 대답을 준비할 때도 온유한 마음(*prautetos*, gentleness)과 하나님을 두려워하는 마음(*phobou*, fear)으로 하도록 했다. 그리스도인들은 불신자에게도 언제나 존중하는 자세, 곧 친절함과 상호 존중의 마음으로 대해야 한다. 우리가 그들에게 할 수 있는 최상의 대답은 사랑과 선행이다.

> "선한 양심을 가지라 이는 그리스도 안에 있는 너희의 선행을 욕하는 자들로 그 비방하는 일에 부끄러움을 당하게 하려 함이라(16절)."

'선한 양심을 가지고 살라. 그러면 그리스도 안에서 행하는 여러분의 선한 행실을 헐뜯고 욕하는 사람들이 도리어 부끄러움을 당하게 될 것이다.'

'선한 양심(*syneidesin echontes agathen*, a conscience having good)' 은 우리가 온전히 그리스도를 닮고자 하는 마음을 가리킨다. 이 양심은 순수한 마음으로 하나님 앞에 설 때 얻어질 수 있다.

'너희의 선행을 욕하는 자들로 그 비방하는 일에 부끄러움을 당하게 하려 함이라.' 그리스도인이 선한 행동으로 비방자들 앞에서 모범(*anastrophen*, manner of life)을 보일 때 그들은 부끄러움을 당할 것이다.

> "선을 행함으로 고난 받는 것이 하나님의 뜻일진대 악을 행함으로 고난 받는 것보다 나으니라(17절)."

'선한 일을 하면서 고난을 받는 것이 하나님의 뜻(*thelema*, will)이라면 악한 일을 하면서 고난을 받는 것보다는 낫다.' 하나님께서 바라시는 뜻이라면 선을 행하다가 고난을 받는 것이 악을 행하다가 고난을 받는 것보다 낫다는 것이다. 하나님의 뜻을 따르다가 고난을 받는 것이 악을 행하는 것보다 나음은 물론이다. 이것은 주의 영광에 이르는 지름길이다.

7. 고난 중에 모범을 보이신 그리스도(18-22절): 우리를 하나님 앞으로 인도하려 하심이다

---

18. 그리스도께서도 단번에 죄를 위하여 죽으사 의인으로서 불의한 자를 대신 하셨으니 이는 우리를 하나님 앞으로 인도하려 하심이라 육체로는 죽임을 당하시고 영으로는 살리심을 받으셨으니
19. 그가 또한 영으로 가서 옥에 있는 영들에게 선포하시니라

20. 그들은 전에 노아의 날 방주를 준비할 동안 하나님이 오래 참고 기다리실 때에 복종하지 아니하던 자들이라 방주에서 물로 말미암아 구원을 얻은 자가 몇 명뿐이니 겨우 여덟 명이라
21. 물은 예수 그리스도께서 부활하심으로 말미암아 이제 너희를 구원하는 표니 곧 세례라 이는 육체의 더러운 것을 제하여 버림이 아니요 하나님을 향한 선한 양심의 간구니라
22. 그는 하늘에 오르사 하나님 우편에 계시니 천사들과 권세들과 능력들이 그에게 복종하느니라

18-22절은 고난 중에 모범을 보이신 예수 그리스도의 모습을 담고 있다. 베드로는 성도가 핍박과 고난을 당할 때 고난의 종으로 오신 예수님의 모범을 따라 행동하라 권면하고 있다. 주님께서 의를 위해 고난을 받으셨으니 성도들도 의를 위해 고난당하는 것을 두려워 말라는 것이다. 베드로전서 3장 18절에서 20절의 이 말씀은 난해구절가운데 하나이다.

> "그리스도께서도 단번에 죄를 위하여 죽으사 의인으로서 불의한 자를 대신하셨으니 이는 우리를 하나님 앞으로 인도하려 하심이라 육체로는 죽임을 당하시고 영으로는 살리심을 받으셨으니(18절)."

'그리스도께서도 죄를 사하시려고 단 한 번 죽으셨다. 의인이 불의한 사람을 위하여 죽으신 것이다. 그것은 그가 육으로는 죽임을 당하시고 영으로는 살리심을 받으셔서 여러분을 하나님 앞으로 인도하시려는 것이다.'

베드로는 고난 가운데 있는 성도들을 강하게 하기 위해 그리스도께서 왜 고난을 당하셨는가를 예로 들었다. '의인으로서 불의한 자를 대신하셨으니.' 주님은 의인으로서 불의한 자를 대신해 고난을 받으셨다. 이것을 우리를 하나님 앞으로 인도하시기 위함이었다.

'육체로는 죽임을 당하시고 영으로는 살리심을 받으셨으니.' 그리스도가 육체적으로는 죽임을 당하셨지만 영적으로는(*pneumati*, in the spirit) 살아나시었다(*zoopoietheis*, having been made alive), 곧 새 생명을 얻으셨다는 것이다. 이 구절은 난해 구절 가운데 하나이다. 여러 해석을 불러일으키고, 때로 논쟁이 되기도 했다.

> "그가 또한 영으로 가서 옥에 있는 영들에게 선포하시니라(19절)."

'그는 영으로, 옥에 있는 영들에게도 가셔서 선포하셨다.' 주님은 새 생명 안에서 영으로 옥에 있는 영들에게 선포하셨다는 것이다. 이 구절도 여러 해석을 낳고 논쟁이 되었다. 그 메시지가 정확히 무엇이었는가에 대해서는 기록되어 있지 않았기 때문이다.

옥(*phylake*, prison)은 지옥을 가리킨다. 원래는 파수꾼이 파수할 목적으로 세워둔 망대라는 뜻이다. '옥에 있는 영들(the spirits in prison)' 은 베드로후서 2장이나 유다서를 보면 타락한 천사들로 소개된다.

> "하나님이 범죄한 천사들을 용서하지 아니하시고 지옥에 던져 어두운 구덩이에 두어 심판 때까지 지키게 하셨으며"(벧후 2:4, 5).
>
> "또 자기 지위를 지키지 아니하고 자기 처소를 떠난 천사들을 큰 날의 심판까지 영원한 결박으로 흑암에 가두셨으며"(유 6).

20절에는 노아 시대에 복종하지 아니하던 자들을 가리킨다. 모두 불순종한 자들이다. '옥에 있는 영들에게 선포하시니라.' 영으로 가서 옥에 있는 영들에게 선포하셨다(*ekeryxen*, He preached, proclaimed)는 말씀은 난해구절에 속한다. 이 선포는 복음을 전파하는 '유앙겔리조마이(*euangelizomai*)' 가 아니라 단순히 선포하고 선언하는 의미의 '케루소(*kerusso*)' 이므로, 반드시 복음을 전했다는 뜻으로 볼 필요는 없다는 주장도 있다. 하지만 현대인의성경은 '갇혀 있는 영들에게 가서 기쁜 소식을 전파하셨습니다.' 로 번역했다.

예수님이 선포하신 것은 어떤 것일까? 그들에게 십자가의 승리를 선포했다는 주장도 있고, 그들에게 심판을 선포하셨다는 주장도 있고, 복음을 전하셨다는 주장도 있다.

옥에 있는 영들을 타락한 천사로 볼 경우 그 심판은 타락한 천사들에 대한 심판임을 알 수 있다. 하나님의 아들들(타락한 천사, 악한 영들)이 사람의 딸들(타락한 인간)과 결혼함으로 더 악해졌다(창 6:1-4). 범죄한 영들을 용서하지 않으시는 하나님은 자기 지위를 지키지 않는 타락한 천사들에 대해 심판을 선포하셨다. 따라서 우리는 악한 영들을 두려워할 필요가 없다는 것이다.

이 난해구절에 대해 지금까지 여러 다양한 해석이 제기되었다. 주요 주장을 보면 다음과 같다.

첫째, 예수님께서 죽으신 후 부활하실 때까지 영으로써 타락한 천사들이 갇힌 옥에 가서 말씀을 전파했다는 주장이다. 이 때 타락한 천사들은 노아시대에 사람의 딸과 결혼한 하나님의 아들들이다. 예수님은 그들에게 십자가의 승리를 선포했다.

한국성경신학회에서 '베드로전서 주해와 신학' 을 중심으로 논문발표회를 가졌다. 여기서 백석대 김정훈 교수는 그리스도의 지옥강하를 그리스도가 악한 영들과 불순종하는 자들에게 가서 심판의 메시지를 전하고, 사탄의 세력에 대한 영원한 승리를 선포하신 행위로 정의했다. 옥에 있는 영들에게 선포하신 것을 지옥강하로 본 것이다.

김정훈에 따르면 그리스도는 십자가의 죽음 후 3일 동안 노아 시대에 불순종했던 자들이 갇혀 있는 지옥에 가서, 사탄의 세력들과 그들을 향해 영원한 심판과 자신의 영원한 승리를 선포하셨다. 지옥에 있는 영들은 하나님의 심판

경고와 그의 의를 거부했기 때문에 그곳에 영으로 찾아오신 그리스도께 심판과 저주의 선언을 들어야 했다. 따라서 그리스도의 지옥강하는 지옥이 영적 실제임을 분명히 하며, 노아 시대에 불순종했던 자들의 영혼이 노아 때부터 그리스도의 방문 때까지 지옥에 계속 머물고 있었다는 것은 심판의 영원성에 대해 암시해 준다. 현 세대의 사람들 역시 노아 시대 때처럼 하나님의 경고와 의의 복음을 받아들여 순종하며 살 것이냐 불순종하며 살 것이냐에 대해 선택을 요청받고 있다. 그리스도의 지옥강하는 이 정보를 듣는 사람들에게 경고와 소망의 메시지를 준다.

이 발표는 지옥의 실존을 선언하며, 동시에 불순종하는 자들에게 지옥 형벌이 있다는 것과 승리의 주가 계신 것을 선언하고 있다고 주해하면서, 이러한 의미를 내포하고 있는 지옥강하 내용을 사도신경 본래의 위치에 되돌려 놓아야 한다고 주장했다.

김정훈의 주장은 지금까지 제기되었던 지옥강하를 다소 종합한 느낌이다. 사단의 세력들, 그리고 노아시대에 불순종했던 영들이 지옥에서 예수님의 십자가 승리, 그들 자신에 대한 심판과 저주의 선언을 들어야 했기 때문이다.

둘째, 예수님이 무덤에 장사되어 부활하시기까지 그 기간 동안 영으로 지옥에 내려가 노아 당시 죽었던 영들에게 복음을 전파했다는 주장이다.

셋째, 무덤에 장사되어 부활하시는 그 기간에 구약성도들이 구속을 기다리는 어떤 곳에 영으로 가셔서 십자가의 구속이 완성되었음을 전했다는 주장이다.

넷째, 예수님이 성육신하시기 이전, 노아시대에 성령으로 노아를 통해 악한 사람들에게 전도하시고, 임박한 심판(홍수)을 선포했다고 보는 주장이다(제롬, 아우구스티누스, 아퀴나스).

다섯째, 본문은 사실이 아니라 비유라는 주장이다. 노아의 식구들은 사도들을 가리키며, 사도들은 불신자들, 곧 옥에 있는 영들에게 그리스도의 복음을 전했다는 것이다.

난해 구절에 대한 여러 해석 중 어느 것이 적절한가는 판단하기 어렵다. 무엇보다 각 해석이 완전한 해석이 아니기 때문이다. 그럼에도 불구하고 이 구절에 대한 여러 해석에서 우리가 배워야 할 것은 있다. 어느 때, 어느 경우에서든 하나님을 대적해서는 안 되며, 그의 말씀에 철저히 순종해야 한다는 것이다. 그렇지 않으면 지옥이 우리를 기다리고 있을 것이다.

현대인들은 마치 지옥이 없는 것처럼 살아가고 있다. 노아 시대 너무나 세속적이었던 사람들에게 홍수심판을 하셨다. 그들과 하등 진배없는 이 세대다. 지금 우리는 하나님의 진노를 쌓아가고 있다. 그래서 우리는 베드로전서의 이 말씀을 더 깊게 성찰하고 우리의 영적 모습을 가다듬어야 한다.

> "그들은 전에 노아의 날 방주를 준비할 동안 하나님이 오래 참고 기다리실 때에 복종하지 아니하던 자들이라 방주에서 물로 말미암아 구원을 얻은 자가 몇 명뿐이니 겨우 여덟 명이라(20절)."

'그 영들은, 옛적에 노아가 방주를 지을 동안에, 곧 하나님께서 아직 참고 기다리실 때에, 순종하지 않던 자들을 말한다. 그 방주에 들어가 물에서 구원받은 사람은 겨우 여덟 사람밖에 없었다.' 타락한 천사들이 노아 시대에 하나님께 불순종했다고 했는데(창 6:1-4) 여기서는 단지 노아 시대에 순종치 아니하던 자들에 대해서만 언급하고 있다. 그 이유는 알 수 없다. 하지만 그들은 심판을 당했다. "옛 세상을 용서하지 아니하시고 오직 의를 전파하는 노아와 그 일곱 식구를 보존하시고 경건하지 아니한 자들의 세상에 홍수를 내리셨으며"(벧후 2:5). 심판 가운데서도 하나님은 노아의 식구를 구원하셨다. 세상에 악해짐으로 의인은 고통을 받았지만 하나님의 구원하심으로 인해 결국 승리한 것이다.

노아는 의인이며 당시에 가장 완전한 자였다(창 6:9). 당시는 죄악이 관영한 시대로 하나님은 세상을 홍수로 심판하시기로 하시고 노아 및 그의 가족만 구해 주시기 위해 방주를 짓도록 하셨다. 그는 960세를 살았다.

> "물은 예수 그리스도께서 부활하심으로 말미암아 이제 너희를 구원하는 표니 곧 세례라 이는 육체의 더러운 것을 제하여 버림이 아니요 하나님을 향한 선한 양심의 간구니라(21절)."

'이 물은 예수 그리스도의 부활을 통해서 여러분을 구원하는 세례를 상징한다.' 그 물은 지금 성도 여러분을 구원하는 세례를 미리 보여준 것이라는 말이다. '이 세례는 몸의 더러운 것을 없애 버리는 것이 아니라 오직 선한 양심이 하나님을 향해 찾아가는 것이다.'

'물은 예수 그리스도께서 부활하심으로 말미암아 이제 너희를 구원하는 표니 곧 세례라.' 노아의 홍수가 많은 이들에게는 심판의 물이었다. 하지만 노아의 가족에게는 구원의 물이었다. 그래서 베드로는 물을 구원하는 표인 세례라 했다. 표(*antitypon*, prefigures)는 모형, 형상, 예표라는 뜻이다. 물은 예수 그리스도의 부활을 통해 이제 너희를 구원하는 세례를 예표하고 있다는 것이다.

'이는 육체의 더러운 것을 제하여 버림이 아니요 하나님을 향한 선한 양심의 간구니라.' 세례는 단지 육체의 더러움을 씻어내는 것이 아니다. 예수 그리스도의 부활을 힘입어서 하나님께 선한 양심을 구하는 것이다. 예수님과의 연합을 상징하는 세례의 참 뜻은 옛날 제사장들이 제사 전에 치렀던 성결의식이 아니라 본능적으로 하나님을 찾게 될 선한 의지와 소망을 가리킨다. '선한 양심' 은 세례의 효과이다. 선한 양심이 하나님께 응답하는 것이다.

> "그는 하늘에 오르사 하나님 우편에 계시니 천사들과 권세들과 능력들이 그에게 복종하느니라(22절)."

'그리스도께서는 하늘로 가셔서 하나님의 오른쪽에 계시니, 천사들과 권세들과 능력들이 그에게 복종하고 있다.'

'하늘에 오르사.' 그리스도가 부활 후 영광의 자리에 앉으셨음을 말하는 것으로 박해받는 성도들에게 소망을 준다.

'하나님 우편에 계시니.' 우편(*dexia*, the right hand)은 권위와 영광의 자리, 통치의 자리이다. "이는 하나님의 영광의 광채시요 그 본체의 형상이시라 그의 능력의 말씀으로 만물을 붙드시며 죄를 정결하게 하는 일을 하시고 높은 곳에 계신 지극히 크신 이의 우편에 앉으셨느니라"(히 1:3). 영광의 자리에 오르신 것이다.

'천사들과 권세들과 능력들이 그에게 복종하느니라.' 주님께 복종한다. 복종은 '줄지어 서있다'는 뜻이다. 주님 앞에 줄 지어 선 모습은 예수의 승리를 보여준다.

"하늘에 있는 자들과 땅에 있는 자들과 땅 아래에 있는 자들로 모든 무릎을 예수의 이름에 꿇게 하시고 모든 입으로 예수 그리스도를 주라 시인하여 하나님 아버지께 영광을 돌리게 하셨느니라"(빌 2:10-11).

유명한 청교도 신학자 존 오웬(John Owen)은 '성도의 최고의 특권은 그리스도의 영광을 바라보는 데 있다.' 하였다. 하나님의 영광은 모든 독을 해독시키는 최고의 해독제이다. 이 영광을 보면 고통, 핍박, 순교도 감당할 수 있다. 스데반도 순교의 자리에서 이 영광을 보았다. 그 속에 복락, 참 만족, 참 안식이 있다. "내가 주를 의뢰하고 적군을 향해 달리며 내 하나님을 의지하고 담을 뛰어넘나이다"(시 18:29).

베드로전서 4장

1. 고난의 영적 의미(1–6절): 정욕을 따르지 않고 하나님의 뜻을 따라 살게 하려함이라

1. 그리스도께서 이미 육체의 고난을 받으셨으니 너희도 같은 마음으로 갑옷을 삼으라 이는 육체의 고난을 받은 자는 죄를 그쳤음이니
2. 그 후로는 다시 사람의 정욕을 따르지 않고 하나님의 뜻을 따라 육체의 남은 때를 살게 하려 함이라
3. 너희가 음란과 정욕과 술취함과 방탕과 향락과 무법한 우상 숭배를 하여 이방인의 뜻을 따라 행한 것은 지나간 때로 족하도다

1-6절은 고난의 영적 의미가 무엇인가를 담고 있다. 믿음으로 인해 고난과 핍박을 당할 때는 예수님의 마음을 품고 인내해야 한다는 것이다.

> "그리스도께서 이미 육체의 고난을 받으셨으니 너희도 같은 마음으로 갑옷을 삼으라 이는 육체의 고난을 받은 자는 죄를 그쳤음이니(1절)."

'그리스도께서는 이미 육신으로 고난을 받으셨다(suffered in his body). 그러므로 여러분도 같은 마음으로 무장하라. 육신으로 고난을 받은 사람은 이미 죄와 인연을 끊은 것이다.'

'그리스도께서 이미 육체의 고난을 받으셨으니.' 여기서 '육체의 고난'은 그리스도가 십자가에 달려 돌아가신 것을 가리킨다. 베드로전서에는 고난에 대한 말씀이 많다.

'너희도 같은 마음(*ten auten ennoian*, the same mind)으로 갑옷을 삼으라.' 그리스도께서 고난을 당하셨듯이 성도들도 고난을 당할 마음의 무장을 하라는 것이다. 베드로는 이 말을 통해 성도들도 고난 받기를 두려워하지 말고 같은 마음으로 무장하도록 했다. 갑옷은 무장, 전신갑주를 뜻한다. 고난 중에 주님께서 보여주신 인내와 희망을 본받는 마음 자세, 곧 주님과 같은 태도(the same attitude)로 고난에 적극 임하라는 것이다. 이것은 아주 달라져야 한다는 것을 말해준다. 예수님의 죽음에 대하여 대속적인 구원의 효험뿐 아니라 성도들의 일상생활 속에서도 예수님을 본 받는 삶을 살아야 한다. 그래야 환난 가운데서도 순교할 수 있음을 가르치고 있다. 매우 엄중한 명령이다.

'이는 육체의 고난을 받은 자는 죄를 그쳤음이니.' 육체가 고난을 당할 때 죄 짓는 것을 금하게 되는 것을 뜻한다. 인간은 고난이 없을 때 소중해 보이던 것 같은 일도 고난을 당하게 되면 그것이 죄악된 것임을 깨달을 경우가 있다. 육체의 고통을 겪은 사람은 이미 죄와 관계를 끊었기 때문이다. 고난은 죄를 반성케 하고, 그치게 한다. 고통을 받는데 어찌 다시 죄를 지을 수 있겠는가 반성한다. 함부로 살지 않는다. 성숙한 인격으로 다듬어진다. 이런 의미에서 육체의 고난은 회개를 앞당겨 죄악을 버리게 하는 하나님의 선물이자 축복이다.

'그쳤음이니(*pepautai*, is done)'는 원래 '피에서 해방된 것'을 뜻한다. 이것은 죄에서 구원받았다는 것을 나타낸다. 어떤 학자들은 이 구절을 그리스도에 관한 것이라 주장한다. 그러나 그리스도는 원래부터 죄가 없으시기 때문에 죄를 그칠 필요가 없다. 이 구절은 그리스도인에 관련된 것이다.

> "그 후로는 다시 사람의 정욕을 따르지 않고 하나님의 뜻을 따라 육체의 남은 때를 살게 하려 함이라(2절)."

'이제부터 여러분은 남은 생애를 인간적인 욕망을 위해 살지 말고 하나님의 뜻을 위해 살아야 한다.' 베드로는 이 절에서 사람의 정욕(이방인의 뜻)을 좇는 삶과 하나님의 뜻을 좇는 삶, 지나간 때와 남은 때를 구분하고 남은 때는 하나님의 뜻을 좇는 삶을 살아야 할 것을 강조하고 있다.

'그 후로는.' '이제부터'라는 말이다. 이제는 달라야 한다는 것이다. 과거와는 다른 존재이기 때문이다.

'육체의 남은 때를.' '남은 때(*ton epiloipon chronon*, the remaining time)'는 육신으로 살아갈 남은 때를 가리킨다. 베드로는 인생을 '지나간 때(3절)'와 '남은 때(2절)'로 구분하고 있다. 지나간 때는 사람의 정욕 때로 살아왔지만 남은 때는 하나님의 뜻을 따라 살도록 한 것이다.

하나님은 우리에게 남은 때라는 기회를 왜 주시는가? 왜 우리에게 지위와 명예를 주시고, 사람과의 관계를 맺게 하시는가? 어떻게 쓰라고 주신 것인가? 이 모두 하나님의 뜻에 합당하게 쓰라고 주신 것이다. 주신 기회를 우리가 하나님의 뜻을 좇아 살 때 사막과 같은 이 세상에 오아시스를 불러일으키실 것이다. 이제 남은 때를 어떻게 살 것인가?

'다시 사람의 정욕을 따르지 않고.' 사람의 정욕(*epithymiais*, desires)은 인간의 여러 정욕을 말한다. 다시는 이방인처럼 인간의 욕정대로 살지 않아야 한다는 것이다.

'하나님의 뜻을 따라 살게 하려 함이라.' 하나님의 뜻(*thelema*, the will)대로 살게 하려 함이다. 인간의 정욕이 아니라 하나님의 뜻을 따라 살아야 한다는 것이다.

베드로는 사람의 삶의 방식을 '사람의 정욕을 좇아 사는 삶'과 '하나님의 뜻을 좇아 사는 삶'으로 구분했다. 성경적 기독교의 출발점은 나의 뜻이 아니라 하나님의 뜻을 헤아리기 시작하는 것에 있다. 그리스도인다운 삶은 주님의 소원을 깨달아 알고, 그 소원을 소원하기 시작하며, 그 소원을 이루기 위해 노력하는 것이다. 우리의 기도와 금식, 희생과 봉사 모두 이 소원을 이루기 위한 것이다. 이로써 우리는 앞으로 무엇을 버리고, 무엇을 향해 나아가야 하는가를 명확히 알게 된다. 앞으로는 사람의 정욕을 따라 살지 않고 하나님의 뜻을 따라 살아야 한다.

> "너희가 음란과 정욕과 술 취함과 방탕과 향락과 무법한 우상 숭배를 하여 이방인의 뜻을 따라 행한 것은 지나간 때로 족하도다(3절)."

'여러분은 지난날에 이방 사람들이 하고 싶어 하는 일을 하였으니, 곧 방탕과 정욕과 술 취함과 환락과 연회와 가증스러운 우상숭배에 빠져 살아 왔다. 그것은 지나간 때로 충분하다.' 여기에 열거한 모든 행동들은 하나님의 뜻과는 전혀 다른 이방인의 뜻에 해당한다. 이방인의 뜻이란 이방인의 욕구(*to boulema ton ethnon*, the desire of the gentiles)를 뜻한다.

베드로는 특히 여섯 가지를 들었다. 음란(*aselgeiais*, sensuality, debauchery), 정욕(*epithymiais*, lusts), 술 취함(*oinophlygiais*, drunkenness), 방탕(*komois*, orgies), 향략(*potois*, carousing), 무법한 우상 숭배(*athemitois eidololatriais*, abominable idolatries, detestable idolatries)다. 향락은 원어로 술에 취하기 위해 모이는 모임을 뜻한다. 우상숭배는 하나님 외에 마음을 빼앗기는 모든 것을 가리킨다. 이데올로기도 예외가 아니다. 이것들이 우리 귀에 친숙한 용어인가 낯선 용어인가? 신문의 사회면에서나 볼 수 있는 내용인가? 그것들이 내 속에 발견되는 것들이 아닌가? 그렇다면 그것들로부터 벗어나야 한다. 주님이 이런 부패성을 우리 속에서 제거하지 않으신 것은 하나님의 경륜이 있기 때문이다. 그 문제를 두고 고민하고 기도하며 극복하도록 하기 위함이다.

'지나간 때로 족하도다.' 지나간 때(*parelelythos chronos*, the past time)는 이미 이처럼 하나님의 뜻에 합당하지 않는 삶을 산 것으로 충분하므로 남은 때는 하나님이의 기뻐하는 삶을 살아야 한다는 것을 강조하고 있다. 남은 때는 지나간 때와 판이하게 다른 삶을 살아야 한다는 것이다. 거룩한 자라 되라는 말씀이다. '거룩하다' 는 것은 '구별하다,' '가르다' 는 뜻을 가지고 있다. 이방인의 삶과는 구별되어야 한다는 것이다. 오스왈드 챔버스(Oswald J. Chambers)는 '그리스도인이 된다는 것은 예전의 가치관으로 살지 않는 것'이라 했다. 그렇다면 우리가 고쳐야 할 것은 무엇일까.

- 지금까지 대접만 받으려 했다. 지나간 때가 족하다. 이제부터는 남을 섬기는 삶을 살자.
- 지금까지 나의 유익이 되는 사람을 찾아다니며 위만 바라보고 살아왔다. 지나간 때가 족하다. 이제부터는 작은 자가 되어 낮은 데로 시선을 향하고 그곳에 마음을 주는 삶을 살자.
- 지금까지 자식에 대해 내가 염려하지 않으면 안 될 것처럼 살아왔다. 하나님의 풍성한 은혜 받는 것을 우리의 염려 때문에 가로막지 않았는가. 지나간 때가 족하다. 이젠 하나님이 하시도록 하자.

2. 하나님의 심판(4-6절):
우리가 달라져야 할 이유는 심판이 있기 때문이다

4. 이러므로 너희가 그들과 함께 그런 극한 방탕에 달음질하지 아니하는 것을 그들이 이상히 여겨 비방하나
5. 그들이 산 자와 죽은 자를 심판하기로 예비하신 이에게 사실대로 고하리라
6. 이를 위하여 죽은 자들에게도 복음이 전파되었으니 이는 육체로는 사람으로 심판을 받으나 영으로는 하나님을 따라 살게 하려 함이라

"이러므로 너희가 그들과 함께 그런 극한 방탕에 달음질하지 아니하는 것을 그들이 이상히 여겨 비방하나(4절)."

'그래서 그들은 방탕한 일에 여러분이 함께 어울리지 않는 것을 이상히 여겨 비난하고 있다.' 성도들이 자기들과는 달리 지나친 방종에 빠지지 않는 것을 이상히 여기면서 비방을 한다는 것이다.

'너희가 그들과 함께 그런 극한 방탕에 달음질하지 아니하는 것을.' '극한 방탕(*ten auten tes asotias*, the same of debauchery, the same flood of dissipation, NIV)' 은 문자적으로 '도저히 구원 받을 수 없는 상태,' 또는 '그 소유를 전부 낭비하는 것을 막을 방법이 없는 상태' 에 이른 것을 말한다(눅 15:13, 엡 5:18, 딛 1:6). 방탕은 문자적으로 '죄를 향해 미친 듯이 달려가는 것 같다' 는 뜻이다. 그것도 극한 방탕이니 이를 막기 어렵다. 그러나 거룩하게 사는 성도들은 다르다. 절제하며 방탕의 길에서 벗어난다. 변화(transformation) 된 삶을 살기 때문이다.

'이상히 여겨 비방하나.' '이상히 여겨(*xenizontai*, think it strange)' 는 성도들이 달라지는 것을 방탕한 친구들이 보고 놀랍고 충격을 받는 것을 말한다. 조금 전까지 자기들과 함께 방탕한 생활을 하던 자들이 돌변하여 신앙생

활을 시작하는 것을 보고 놀란 것이다. '비방하나(*blasphemountes*, speaking evil)' 는 조소를 보내며 비방하기 시작한다. 비방은 모략과 신성모독까지 포함한다.

> "그들이 산 자와 죽은 자를 심판하기로 예비하신 이에게 사실대로 고하리라(5절)."

'그러나 그들은 산 사람과 죽은 사람을 심판하실 하나님께 자기들이 행한 일을 낱낱이 고해 바쳐야 할 것이다.'

'그들이 산 자와 죽은 자를 심판하기로 예비하신 이에게.' '산 자와 죽은 자' 는 주님 재림 때까지 살아있는 자들과 그 때까지 죽어있던 자로, 온 인류를 가리킨다. 온 인류가 하나님의 심판을 받는다. '심판하기로 예비하신 이에게(*to hetoimos echonti krinai*, to him who is ready to judge)' 는 하나님을 가리킨다. 신약에서는 성부 하나님과 성자 예수님이 최후의 날 심판주로 묘사되어 있다(요 5:27, 행 17:31).

인간이 죽으면 육체와 영이 분리된다. 성도의 영은 천국으로, 불신자의 영은 지옥으로 간다. 그리고 훗날 예수님이 영광 중에 재림하실 때 다시 영과 육이 연합한 후에 하나님의 심판을 받는다. 살아있는 자들과 이미 죽은 모든 자들이 마지막 때 심판을 받게 되는 것이다. 우리가 달라져야 할 이유는 심판이 있기 때문이다. 육체가 하자는 대로 하면 망한다. 그리스도인이 되는 것은 결코 쉬운 일이 아니다. 그리스도인이 되는 것 자체가 거룩한 반란이기 때문이다.

'사실대로 고하리라(*apodosousin logon*, will have to give account).' 성도들을 비방했던 불신자들이 결국 심판장이신 하나님께 자기들이 행한 일들을 낱낱이 사실대로 고해바친다는 것이다. 그들의 조소와 비방은 하나님 앞에

셨을 때 심판의 원인이 되지만 방탕한 생활을 떠난 자는 오히려 영광에 이르게 된다. 겨울이 되면 상록수가 드러나듯 심판 때 거룩한 자가 드러난다. 회개의 고통이 너무 심해 '차라리 죄짓지 말지' 말할 것이다.

> "이를 위하여 죽은 자들에게도 복음이 전파되었으니 이는 육체로는 사람으로 심판을 받으나 영으로는 하나님을 따라 살게 하려 함이라(6절)."

'그래서 지금 죽어 있는 사람들에게도 기쁜 소식이 전파되었는데 이것은 그들이 육체로는 모든 사람처럼 심판을 받으나 영으로는 하나님의 뜻에 따라 살게 하려는 것이다.' 죽은 사람들에게도 복음이 전해진 것은 그들이 육신으로는 모든 사람이 심판받는 대로 심판을 받지만 영으로는 하나님을 따라 살게 하려는 것이다.

'이를 위하여 죽은 자들에게도 복음이 전파되었으니.' 원문에 따르면 '심지어 죽은 자들에게도(*kai nekrois*, even to the dead)' 복음이 전파되었다. 베드로 당시 죽어있던 사람들이 이미 죽기 전에 복음을 들었다는 뜻이다. 이들에게도 복음이 전파되어 주님 안에서 생명을 얻을 수 있는 기회가 주어졌다는 것이다. 이것은 죽음 자체가 믿는 자들에게 아무런 손실을 줄 수 없음을 강조하기 위한 말이다.

'이는 육체로는 사람으로 심판을 받으나 영으로는 하나님을 따라 살게 하려 함이라.' 당시 죽은 자들이 죽기 전에 복음이 전파된 것은 그들의 육체는 죄로 심판을 당한다 할지라도 영적으로는 하나님을 따라 살도록 하기 위함이다. 따라서 키르케고르는 '예수를 믿든지 심판을 받든지 두 길 밖에 없다.' 고 했다.

3. 만물의 마지막 때 첫 번째 할 일(7절): 정신을 차리고 근신하여 기도하라

7. 만물의 마지막이 가까이 왔으니 그러므로 너희는 정신을 차리고 근신하여 기도하라

7절에서 11절의 말씀은 마지막 때 더 해야 할 일 세 가지가 소개되어 있다. 그것은 근신의 기도, 열심이 있는 사랑, 청지기적 봉사다. 이 일을 함에 있어서 무엇보다 하나님의 뜻에 초점을 맞추어야 한다. 즉 기도, 사랑, 봉사 모두가 하나님의 뜻을 이루는데 목적을 두어야 한다는 것이다. 아울러 그 일을 통해서 하나님이 영광 받으시도록 해야 한다.

> "만물의 마지막이 가까이 왔으니 그러므로 너희는 정신을 차리고 근신하여 기도하라(7절)."

'만물의 마지막이 가까이 왔다. 그러므로 정신을 차리고, 삼가 조심하여 기도하라.' 세상의 마지막이 가까 왔으니 정신을 차리고 자제하며 기도하라는 것이다. 원문을 보면 '이제는(*de*, now)' 라는 말씀이 있다.

'만물의(*panton*, of all) 마지막(*to telos*, the end)이 가까웠으니.' 만물의 마지막은 크게 두 가지로 생각할 수 있다. 하나는, 역사적 종말이다. 주님의 재림 때다. 다른 하나는, 개인적 종말이다. 개인의 죽음이 이에 해당한다. 여기서는 전자의 역사적 종말을 가리킨다. 이 말씀은 베드로뿐 아니라 세례 요한, 예수님, 야고보도 우리의 사는 때를 가리켜 '만물의 마지막,' 곧 종말로 보고 이 말씀을 사용하였다. 야고보는 주님의 강림이 가깝다(약 5:8-9) 하였고, 바울은 우리가 깰 때가 벌써 되었다(롬 13:11) 하였다. 1900년 전에도 종

말이 가까웠다 했고, 지금도 그렇다. 이 모두는 예나 지금이나 그리스도인들은 주님이 다시 오실 때까지 종말론적 의식을 가지고 신앙생활을 해야 한다는 것을 보여준다.

이 말씀은 마지막 때 심판을 경고하시기보다 그 때가 가까웠으므로 우리가 어떻게 해야 하는가 권면하고 경고하시기 위한 말씀이다. 이 말씀에서 우리는 어제나 오늘이나 하나님께 영광된 삶을 살았는지 자신을 점검할 필요가 있다. 그리스도인은 시작도 마침도 나 자신이 기뻐하는 삶이 아니라 하나님이 기뻐하시는 삶을 살아야 한다.

'그러므로(*oun*, therefore)' 는 마지막 때에 준비해야 할 일들을 강조하기 위한 이음말이다. 종말을 앞에 두고 삶의 우선순위를 정하라는 것이다.

종말 때 우리가 해야 할 것 가운데 첫째는 기도다. 마지막 때에 기도할 것을 강조한다. 기도를 통해 하나님의 지혜를 얻을 수 있기 때문이다. 이때의 기도는 기도행위 그 자체를 의미하기도 하지만 넓게는 기도하는 자세로 삶을 살아가는 것까지 포함되어 있다. 기도로 우리의 생활태도가 변화되어야 한다는 것이다. 성경은 우리로 하여금 여러 모로 기도의 생활을 강조하고 있다. '오직 믿음으로 구하고 조금도 의심치 말라,' '겸손한 마음으로 구하라,' '하나님께 완전히 맡기고 기도하라,' '쉬지 말고 기도하라,' '낙심하지 말고 기도하라' 고 말씀하신다.

그런데 여기에서는 특히 두 가지 점을 강조하고 있다. 하나는 정신을 차리고 기도하는 것이며, 다른 하나는 근신하여 기도하는 것이다. 기도는 단지 우리의 요청서만 띄우는 것이 아니라 기도할 때 두 가지 점을 유념할 필요가 있다는 것이다.

'정신을 차리고(*sophronesate*, be clear-minded).' 정신을 차려 기도한다. 마지막 때가 임박하다는 것을 안다면 정신을 차리지 않을 수 없다. 정신을 차리면 우리의 행동이 바르게 된다. '정신을 차리고' 는 '늘 깨어,' '위험을 지날 때 온전한 정신으로,' '건전한 동기(마음)를 가지고(sane),' '정직한 마음으로(earnest)' 라는 뜻을 가지고 있다. 온전한 영적 각성을 촉구하는 말이다. 영적 분별력이 있어야 한다는 것이다.

'근신하여(*nepsate*, sober) 기도하라.' 그리스도인에게 있어서 마지막 때는 끝이 아니라 중요한 결산의 시점이다. 그러므로 심판의 때에 일어날 모든 것을 생각하며 근신할 필요가 있다. 근신한다는 것은 '술 취하지 않은,' '냉정하고 진지한,' '사려가 깊은(thoughtful)' 이란 뜻을 가지고 있다. 술 취한 듯 정신이 오락가락한 상태가 아니라 영적으로 깨어 진지하게 기도한다(이 점은 '정신을 차리고' 와 맥락을 같이 하고 있다). '사려가 깊다' 는 것은 하나님의 뜻에 따라 살고 있는지 점검하며 고칠 것은 고치고, 바로 사는 것이다. 기도는 무엇보다 자신의 문제를 하나님 앞에 가져가고, 그 문제를 하나님의 뜻에 합당하게 풀어가도록 하는데 목적이 있다. 근신하는 사람은 세상적인 방법을 취하지 않는다. 오히려 세상적인 것을 버린다.

마지막 때일수록 정신을 차리고 근신하여 기도하라는 이 명령은 우리의 기도가 감정적인 차원으로 끝나서는 안 된다는 것을 보여준다. 세상의 끝이 왔다면서 세상을 다 산 것처럼 행동하고, 기도도 미친 사람처럼 하는 것이 아니라 그럴수록 정신을 차리고 근신하며 기도하는 삶을 살아야 한다. 선한 마음을 가지고, 오실 주님을 매순간 진지하게 기다리며 바르게 기도하는 삶이 중요하다. 베드로는 이 말씀을 통해 성도가 기도함에 있어서 마음가짐이 중요함을 일깨워주고 있다.

진정한 기도는 하나님 자신을 찾는 것이다. 하나님을 느끼고 사는 것, 하나님 앞에 서는 것, 하나님과 동행하며 영적으로 교제하는 것, 하나님 임재의 체험 모두 기도와 연관되어 있다. 한 때 하나님은 죽었다는 사신신학이 번지더니 지금은 과정신학, 종교다원주의, 해체신학이 나타나 하나님을 향한 우리의 믿음을 해체하고 분산시키고 있다.

과정신학은 하나님을 진화와 변화의 과정에 있다고 본다. 후회도 하시는 것을 보면 알 수 있다. 창조도 완성된 것이 아니라 계속 진행되고 있다고 본다. 하나님은 완결된 존재가 아니다. 과정신학은 하나님의 영원성과 불변성, 세계 창조를 부정하고 그리스도의 신성, 구속적 죽음, 부활승천, 삼위일체와 육체적 부활의 교리까지 부정하거나 재해석한다. 하나님을 말하지만 그 하나님은 기독교의 전통적인 하나님이 아니어서 기독교와 연결될 수 없다는 비판을 받고 있다. 종교다원주의(religious pluralism)는 종교는 여럿이며 절대종교란 있을 수 없고 모든 종교는 상대적이라고 주장했다. 기독교도 유일한 참 종교가 아니라 여러 종교가운데 하나로 간주하고 예수님을 통해서만 구원을 얻는 것은 아니라고 주장한다. 자크 데리다(Jacques Derrida)는 해체신학을 통해 '역사의 중심이 파편화된다(없어진다),' '개인의 자아도 없어진다,' '글도 성경도 없어진다,' '신도 해체 된다' 고 주장하고 있다.

이러한 현대신학의 특징은 인간이 주체에 서고 하나님을 객체로 분석하는데 문제가 있다. 하나님의 자리에 인간의 이성이 올라가 있다. 그리고 하나님을 철저히 무시하고 있다. 우리는 오늘도 그리스도인으로서 바로 사는지 점검할 필요가 있다. 하나님을 거역하는 사악한 사조가 풍미할수록 우리는 하나님을 가까이 해야 한다. 하나님을 향한 기도가 늘어가야 한다.

4. 만물의 마지막 때 두 번째 할 일(8절): 뜨겁게 서로 사랑하라

8. 무엇보다도 뜨겁게 서로 사랑할지니 사랑은 허다한 죄를 덮느니라

> "무엇보다도 뜨겁게 서로 사랑할지니 사랑은 허다한 죄를 덮느니라 (8절)."

'무엇보다도 먼저 서로 뜨겁게 사랑하라. 사랑은 허다한 죄를 덮어 준다.' 여기서 사랑은 아가페 사랑(*agape*, love)이다. 하나님이 우리에게 보여주신 사랑을 하라(*agapen*, love)는 것이다. 기독교의 사랑은 추상적인 것이 아니라 아주 구체적이다. 하나님을 사랑하고 이웃을 사랑하는 것이다. 말세에는 불법이 성함으로 사랑이 식어진다. 그럴수록 우리는 열심히 사랑해야 한다.

> "말세에---사람들은 자기를 사랑하며--쾌락을 사랑하기를 하나님 사랑하는 것보다 더하며 경건의 모양은 있느나 경건의 능력은 부인하는 자니 이 같은 자들에게서 네가 돌아서라"(딤후 3:1-5).

자기를 사랑하는 것이 아니라 이웃을 사랑하는 사람이 되어야 한다.

베드로는 마지막 때 사랑을 하며 살도록 하면서 세 가지를 강조하고 있다. 그 세 가지는 '무엇보다,' '열심으로,' '서로' 이다.

'무엇보다(*pro panton*, above all things)' 는 그리스도인으로서 첫째로 관심을 가져야 할 일, 우선적으로 해야 할 일이 무엇인가를 가르쳐 준다. 그것은 사랑이라는 것이다. 아무리 기도를 많이 해도, 믿음이 있다 해도, 자기를 내어줄 만큼 봉사를 많이 해도 사랑이 없으면 소리 나는 구리와 울리는 꽹과리와 같다. '소리 나는' 이란 '잡음처럼 시끄럽다(noisy)' 는 뜻을 가지고 있고, '울리는' 이란 '부딪힌다(clashing)' 는 뜻을 가지고 있다. 이런 식으로 사랑을 해서는 안 된다.

'열심으로(*ektene*, fervent)' 는 문자적으로 '팽팽하게 늘였다,' '긴장되었다' 는 뜻을 가지고 있다. 손을 뻗치되 더욱 더 뻗치며 사랑하는 것이다. 이것은 근육이 강해지는 것처럼 힘을 최대한으로 발휘하는 것을 나타내고 있다.

말이 최고 속력으로 질주하는 것처럼, 선수가 애써 근육을 이완시키는 것처럼 사랑에 온 힘을 다하는 것이다. 전력투구하는 것이다. '열심으로' 는 '뜨겁게,' '열정적으로,' '깊게(intense, deep),' '지구력 있게(continuously, unfailing)' 라는 의미를 가지고 있다. 냄비처럼 일시적으로 뜨거운 사랑이 아니라 가마솥처럼 오래 가는 사랑을 해야 한다.

'서로(*eis heautous*, among yourselves, 8절, *allelous*, one another, 9절, *heautous*, each other, 10절)' 사랑해야 한다. 그리스도인의 사랑은 일방적이지 않다. 나만 사랑하면 짝사랑일 수밖에 없다. 성도들 끼리 서로 사랑해야 온전한 사랑이다. 성경 여러 곳에서 '서로' 가 강조되어 있음에 주목할 필요가 있다.

- 서로 속이지 말라.
- 서로 발을 씻기라
- 서로 봉사하라
- 서로 사랑으로 종노릇하라
- 피차 복종하라
- 서로 돌아보라
- 서로 겸손하라
- 서로 대접하라
- 서로 기다리라

"사랑은 허다한 죄를 덮느니라." 이런 식으로 사랑을 하면 '허다한 죄를 덮는 사랑' 을 하게 된다는 것이다. '허다한 죄(*plethos hamartion*, a multitude of sins)' 는 수많은 죄와 허물(faults)을 말한다. 사랑이 없으면 서로 흠을 드러내기에 바쁘다. 그러나 사랑을 하면 그 허물까지 덮는다. 한 가지만 아니라 많은 허물을 덮는다. '덮는다(*kalyptei*, cover over)' 는 것은 감추어준다는 의미가 아니다. 가혹하게 책망하거나 폭로하는 것이 아니라 오히려 용서하고 책임지고 회개로 인도하는 것을 의미한다. 키르케고르는 '주의 거룩하신 몸으로 우리 죄를 가리신다.' 하였다. 하나님의 사랑이 우리 죄를 가리듯 우리의 사랑이 이웃의 죄와 허물을 가린다.

우리는 왜 허다한 허물을 덮어주는 사랑을 해야 하는가? 하나님의 덮어주는 사랑을 받았기 때문이다. 우리는 모두 하나님께로 난자들이기 때문이다. 그리고 우리 모두 다 결점이 있고 죄가 있기 때문이다.

베드로가 말하는 사랑은 아가페 사랑이다. 선한 의지로 끝까지 사랑하는 것이다. 우리의 의지적 노력 필요함을 알 수 있다. 사랑은 상처받을 위험에 노출되는 것이다. 이것은 살아있는 증거다. 상대방 때문에 상처 받을 각오를 해야 한다. 선한 의지를 담은 사랑이 있으면 속상하지 않는다.

서로 사랑하기 위해서는 용서가 있어야 한다. 용서할 때 강해진다. 사랑이 없으면 용서할 수도 없다. 그러나 사랑하면 용서할 수 있다. 이웃을 진심으로 용서하고 사랑하려면 자기의 힘이 아니라 하나님의 용서방법을 배워야 한다. 하나님의 마음을 내게 채우고, 하나님의 방법을 내가 배울 때 진정으로 용서할 수 있다. 사랑이 깊어지면 용서하는 마음이 생긴다. 용서처럼 큰사랑도 없다. 용서를 받으면 그 속에 회개하는 마음이 일어난다. 그 변화의 전 과정을 가리켜 덮는다고 말한다. 세상은 용서를 이해하지 못한다. 용서하면 우리가 그리스도의 제자임을 보여줄 수 있다. 상처를 주는 사람까지 용서하고 축복할 수 있을 때 그 용서는 절정에 달한다.

죄와 허물은 곳곳마다 도사리고 있다. 교회도 허다한 허물을 덮지 않으면 살아남을 수 없다. 바울이 보기에게 고린도교회는 문제가 많은 교회였다. 그는 온갖 죄와 상처로 고통 받는 교회를 향해 사랑하라 하였다. 베드로도 같은 심정으로 성도들에게 권면하고 있다.

5. 만물의 마지막 때 세 번째 할 일(9–10절): 서로 대접하고 선한 청지기 같이 봉사하라

9. 서로 대접하기를 원망 없이 하고
10. 각각 은사를 받은 대로 하나님의 여러 가지 은혜를 맡은 선한 청지기 같이 서로 봉사하라

"서로 대접하기를 원망 없이 하고(9절)."

'불평하지 말고 서로 대접하라.' 불평 없이 서로 따뜻하게 대접하라는 것이다. 뜨겁게 사랑하면 서로 대접하기를 원망 없이 할 수 있다.

대접하는(*philoxenoi*, hospitable) 것은 상대가 필요로 하는 것을 채워주는 것을 말한다. 대접은 사랑의 또 다른 표현이다. 여기서 대접은 우리가 일반적으로 손님을 청해 대접하는 것과는 차원이 다르다. 사도시대 당시 상당수 교인들은 예수를 믿는다는 이유 하나로 집에서 쉽게 배척을 당했다. 바울도 예외가 아니다. 그들은 머물 곳이 없었다. 이렇듯 어려움에 처한 사람을 도와야 한다는 말이다. 이것은 각자의 형편에 따라 매우 개인적인 대접(personal ministry)이 될 것이며, 실제적으로 도움을 줄 수 있다.

'원망 없이 하고(*aneu gongysmou*, without complaints).' 전도자들도 머물 곳이 필요했다. 여행자나 가난한 이웃도 많았다. 이것은 형제사랑이 필요하고 사랑의 기회가 많다는 것을 의미한다. 그러나 형제를 사랑할 때 그 사람을 업신여기거나 불평을 해서는 안 된다. 어느 한 편이라도 원망하면(grudging, grumbling) 그 대접(hospitality)은 소용이 없다. 계속 될 수도 없다. 베드로는 대접할 때, 곧 사랑하고 봉사를 할 때 불평 없이 진실 되게 하라고 말하고 있다. 아울러 봉사는 기쁨으로 해야(cheerfully) 한다. 주님께서 갚아주시기

때문이다.

대접할 수 있을 때, 곧 도움이 필요할 때 즉시 한다. 크리소스토무스에 따르면 꿀벌이 존경을 받는 이유는 우리에게 필요한 양식을 그때그때 공급해주기 때문이다. 성도의 쓸 것을 공급한다. 공급할 때도 그리스도인의 속사람을 보여줘야 한다. 손 대접하기를 힘쓴다. 손 대접할 때 전도도 잘 된다.

> "각각 은사를 받은 대로 하나님의 여러 가지 은혜를 맡은 선한 청지기 같이 서로 봉사하라(10절)."

'각 사람은 은사를 받은 대로 하나님의 여러 가지 은혜를 맡은 선한 관리인으로서 서로 봉사하라.' 여러분이 각자 받은 은사, 곧 은혜의 선물은 다를 수 있다. 하지만 그 은사가 무엇이든 간에 하나님의 여러 가지 은혜를 맡은 선한 관리인답게 서로를 섬기는 데 그것을 사용하라는 것이다. 말씀봉사든 몸으로 하는 실제봉사든 하나님의 청지기로서 그리스도의 몸, 곧 손과 발이 되어 봉사하라는 것이다.

청지기적 봉사, 섬김의 봉사는 사랑이 구체적으로 표현된 것이다. 수고가 동반된 사랑이 바로 봉사다. 봉사(*diakoneo*, serve)는 '섬기다,' '공궤하다' 는 뜻을 가지고 있다.

베드로는 봉사를 할 때 세 가지 측면을 강조한다. '각각 은사를 받은 대로,' '여러 가지 은혜를 맡은 선한 청지기 같이,' 그리고 '서로' 이다.

'각각 은사를 받은 대로.' 하나님께서는 교회를 완전케 하기 위해 영적인 은사를 각각 다르게 주셨다. 은사(*charisma*, a gift)는 하나님이 값없이 주시는 선물이자 은혜이다. 봉사를 할 때 하나님이 주시는 힘으로, 하나님의 은혜와 사랑을 펴야 한다. 은혜는 하나님의 말씀을 통해 알아가고, 성령을 통해 우리를 변화시키며, 하나님의 백성을 통해 드러난다. 주신 은사대로 섬겨나가면

서로의 사역에 도움이 된다. 받은 은사는 각각 다르지만 그 사람들이 받은 은사대로 주님의 몸 된 교회를 위해 일하기 때문에 교회는 결점이 없는 교회로 성숙해 나아간다. 교회가 문제가 발생하는 것은 그만큼 교인들이 주신 각각의 은사대로 최선을 다하지 못하기 때문이다.

"오직 사랑 안에서 참된 것을 하여 범사에 그에게까지 자랄지라 그는 머리니 곧 그리스도라 그에게서 온 몸이 각 마디를 통하여 도움을 입음으로 연락하고 상합하여 각 지체의 분량대로 역사하여 그 몸을 자라게 하며 사랑 안에서 스스로 세우느니라"(엡 4:15-16). 하나님이 주신 은혜가운데 사랑으로 성장하라.

'선한 청지기 같이.' 청지기(*oikonomoi*, stewards)는 주인의 재산을 맡아 관리하는 사람을 말한다. 주인의 종이라는 말이다. 종은 주인의 뜻에 맞도록 일해야 한다. 성도는 하나님의 비밀을 맡아 관리하는 청지기다. 우리가 가지고 있는 시간, 재능, 소유, 자신까지도 모두 하나님의 것이다(눅 12:42; 엡 3:2). 우리는 단지 이 땅에서 하나님의 것을 맡아서 관리할 뿐이다. 청지기(stewardship)의 어원은 '오이코노미아(*oikonomia*)' 이다. 여기에서 '경제(economy)' 라는 단어가 나왔다.

청지기는 첫째, 자기의 임무를 잘 인식해야 한다. 청지기는 주인이 아니라 섬기는 자임을 명심한다. 둘째, 지혜롭게 해야 한다(눅 12:42). 물질경제보다 인생경제를 잘 해야 한다. 셋째, 충성해야 한다. 맡은 자의 구할 것은 충성이다. 언젠가는 주님 앞에 판단 받을 자로 나의 최선을 다해야 한다. 열과 성을 다해서 봉사한다.

베드로는 '선한(*kaloi*, good) 청지기' 를 강조하고 있다. 청지기 가운데 악한 청지기도 있기 때문이다. 악한 청지기는 주인의 뜻에 맞게 일하기보다 주인의 이름을 이용하여 자신의 이를 취하는 사람을 말한다. 그리스도를 이용하여 자신의 유익을 취하는 사람은 청지기라 불릴 수 없다. 오히려 하나님과 그 나라의 일에 해를 미치기 때문이다.

'여러 가지 은혜(*charitos*, grace)를 맡은 선한 청지기'의 '여러 가지(*poikiles*, manifold)'는 '다채로운(richly varied)'이라는 뜻을 가지고 있다. 청지기라도 다 같은 청지기가 아니라는 말이다. 그 다채로운 달란트를 맡은 자로서 그것을 하나님의 뜻에 맞게 최선을 다해 봉사하는 것이다. 주님이 선물로 주신 은사와 은혜를 효과적으로 잘 하기 위해 몇 가지 유의할 점이 있다.

첫째, 내가 주님으로 받은 은사가 무엇인지 발견해야 한다. NCD조사에 따르면 80%가 자기 은사가 무엇인지 모르고 있고, 20%만 알고 사용한다.

둘째, 주님으로부터 받은 은사를 적극적으로 사용해야 한다. 예수님의 비유에 따르면 한 달란트 받은 자는 은사를 사용하지 않았다. 그는 게으른 종, 악한 종이란 말을 들었다. 하나님이 주신 은사를 사용하지 않고 묻어두는 것은 가장 큰 낭비이다.

셋째, 받은 은사는 다른 사람을 섬기는 데(to serve others) 사용해야 한다. 나 자신만을 위해서가 아니라 주님과 이웃을 위해 사용한다.

끝으로, 신실하게(faithfully) 섬기는 데 사용되어야 한다. 하나님 일에 은퇴는 없다. 주 앞에 가는 날까지 포기하지 말고 섬긴다. 섬길 때는 혼자 섬기지 말고 함께, 팀으로 하면 좋다. 혼자 하면 지치기 쉽고 오래 못 간다. 그러나 함께 하면 오래 지속될 수 있다. 지속가능하게 일하는 것이 좋다.

우리가 주님 앞에 서는 날, 곧 결산 날에 주님은 '선물로 준 은사 어떻게 사용했나?' 물으실 것이다. 그 때 뭐라고 답할 것인가.

'서로(*heautous*, each other)'는 봉사가 일방적이서는 안 된다는 것을 의미한다. 사랑도 서로 하고, 수고도 서로 해야 한다. 남에게 대접을 받고자 하는 대로 너희도 남을 대접하라는 것이 성경의 봉사정신이다(마 7:12; 눅 6:31).

6. 봉사의 기본 태도와 그 목적(11절): 하나님이 영광을 받으시게 하라

11. 만일 누가 말하려면 하나님의 말씀을 하는 것 같이 하고 누가 봉사하려면 하나님이 공급하시는 힘으로 하는 것 같이 하라 이는 범사에 예수 그리스도로 말미암아 하나님이 영광을 받으시게 하려 함이니 그에게 영광과 권능이 세세에 무궁하도록 있느니라 아멘

"만일 누가 말하려면 하나님의 말씀을 하는 것 같이 하고 누가 봉사하려면 하나님이 공급하시는 힘으로 하는 것 같이 하라 이는 범사에 예수 그리스도로 말미암아 하나님이 영광을 받으시게 하려 함이니 그에게 영광과 권능이 세세에 무궁하도록 있느니라 아멘(11절)."

'말씀을 전하는 사람은 하나님의 말씀을 전파하는 사람답게 하고, 봉사하는 사람은 하나님이 주시는 힘으로 봉사하는 사람답게 하라. 그러면 모든 일에 예수 그리스도를 통해 하나님이 영광을 받으실 것이다. 영광과 권세(능력)이 길이길이 그에게 있습니다. 아멘.'

베드로는 이 구절을 통해서 세 가지를 강조하고 있다.

첫째, '누가 말하려면 하나님의 말씀을 하는 것같이 하라.' 여기서 말하는 자는 일반적인 의미도 있지만 특히 가르치는 자(minister)가 가르칠 때 어떻게 해야 하는가를 강조하고 있다. 그것은 '하나님의 말씀(*logia Theou*, oracles of God)을 하는 것같이' 하는 것이다. '하나님의 말씀을 하는 것같이' 란 말은 마치 자기가 하나님이 된 것처럼 말하라는 것이 아니라 '하나님이라면 이런 때 어떤 말씀을 하셨을까' 말씀을 상고하며 말해야 한다. 성도의 입에서 나오는 모든 말은 하나님의 말씀인 성경과 일치해야 한다. 특히 하나님의 말씀을 가르치는 목회자는 하나님의 말씀을 가감 없이 그대로 전해야 할

뿐 아니라 말이나 행동을 말씀에 따라 진실하게 해야 한다. 하나님의 뜻을 벗어난 말이나 행동은 바람직하지 않다.

둘째, 하나님의 공급하시는 힘으로 하는 것같이 하라. 베드로는 봉사자라면 하나님의 공급하시는 힘(*ischyos*, strength, energy)으로 하는 것같이 하라고 말하고 있다. 하나님의 능력을 의지하여 일한다. 봉사도 사랑도 그를 힘입어 한다. 내 힘으로 하는 것이 아니라 주님이 주시는 힘으로 한다. 봉사자는 무엇보다 교만해서도 안 되고, 불평불만이 있어서도 안 된다. 자기 힘으로 한다고 생각하면 교만에 빠지기 쉽다. 자기에게 '도움을 받았으면 감사할 줄 알아야지' 하며 감사하지 않는 사람에 대해 불평하기 쉽다. 그러나 봉사자가 자기의 힘이 아니라 하나님의 공급하시는 힘으로 할 경우 태도가 달라진다.

나의 힘이 아니라 하나님의 힘을 공급받아 한 것이므로 내가 칭찬 받을 일은 아무것도 없다. 하나님께 받은 은사를 그대로 전해주었기 때문이다. 그리스도인은 봉사를 통해 은사를 나타내야 할 의무를 가지고 있다. 우리는 단지 의무를 수행했을 따름이다. 따라서 봉사를 통해 영광 받으실 분은 내가 아니라 주님이시다. 봉사할 수 있는 기회와 능력을 주시고, 우리를 그의 도구로 활용하셨기 때문에 감사할 뿐이다.

끝으로, 하나님이 영광을 받으시게 하라. 베드로는 근신하는 기도, 열심이 있는 사랑, 청지기 같은 봉사를 하도록 한 후 그 목적을 다음과 같이 피력하고 있다. '이는 범사에 예수 그리스도로 말미암아 하나님이 영광을 받으시게 하려 함이니.' 앞서 언급한 성도들의 이런 바람직한 모든 사랑과 섬김의 행동을 통해 하나님이 영광을 받으시도록 해야 한다는 것이다. 서로 사랑하고 봉사하는 목적은 모두 하나님의 영광을 위함이다. 그리스도인의 존재목적은 하나님의 영광을 위해 있다. 청지기로서의 그리스도인은 항상 하나님의 영광을 드러내야 한다. 그리스도인은 무슨 일을 하던지 그 일을 통해 하나님이 영광을 받으시도록 해야 한다.

'그에게 영광(*he doxa*, the glory)과 권능(*to kratos*, the power)이 세세에 무궁토록 있느니라.' 왜 그럴까. 그리스도인이 되게 하신 분도 하나님이시요 이 일을 하게 하신 분도 하나님이시기 때문이다. 베드로는 이 말씀이 너무도 합당하여 '아멘(amen),' 곧 '진실로 그렇습니다, 그렇게 되기를 소원합니다.'라는 말로 끝맺고 있다. 우리도 이 아멘에 합당한 삶을 살아야 하고 그렇게 되도록 기도해야 한다.

7. 그리스도인의 고난(12-16절): 그리스도를 위한 고난에 기쁨으로 참여하라

---

12. 사랑하는 자들아 너희를 연단하려고 오는 불 시험을 이상한 일 당하는 것 같이 이상히 여기지 말고
13. 오히려 너희가 그리스도의 고난에 참여하는 것으로 즐거워하라 이는 그의 영광을 나타내실 때에 너희로 즐거워하고 기뻐하게 하려 함이라
14. 너희가 그리스도의 이름으로 치욕을 당하면 복 있는 자로다 영광의 영 곧 하나님의 영이 너희 위에 계심이라
15. 너희 중에 누구든지 살인이나 도둑질이나 악행이나 남의 일을 간섭하는 자로 고난을 받지 말려니와
16. 만일 그리스도인으로 고난을 받으면 부끄러워하지 말고 도리어 그 이름으로 하나님께 영광을 돌리라

12-19절은 고난에 참예하는 것을 축복으로 생각하고 즐거워하도록 권하고 있다. 특히 그리스도의 영광이 나타날 때의 즐거움을 생각하고 고난 중에 기뻐하라 한다.

> "사랑하는 자들아 너희를 연단하려고 오는 불 시험을 이상한 일 당하는 것 같이 이상히 여기지 말고(12절)."

'사랑하는 여러분, 여러분을 시험하려고 오는 불같은 시련을 당할 때 마치 이상한 일이나 일어난 것처럼 놀라지 마라.' 사랑하는 성도 여러분을 시험하려고 시련의 불길이 여러분 가운데 일어난다 해도 무슨 이상한 일이나 생긴 것처럼 놀라지 말기 바란다는 것이다.

'사랑하는 자들(*agapetoi*, beloved)' 은 하나님으로부터 사랑을 받는 자들을 말한다. 베드로는 성도들을 하나님께서 몹시 사랑하는 자녀로 여겼다.

'너희를 연단하려고(*pros peirasmon*, for a trial).' 하나님은 사랑하는 자녀를 연단시키려 고난가운데 두셨다. 고난을 통해 그리스도인으로서 참다운 인격으로 다듬으시기 위함이다. 고난은 하나님의 주권적 역사이다. 요셉도 고난을 통해 이것을 확신하셨다. "당신들은 나를 해하려 하였으나 하나님은 그것을 선으로 바꾸사 오늘과 같이 많은 백성의 생명을 구원하게 하시려 하셨나니."(창 50:20). 주님께 가까이 가는 방법은 주님의 고난에 참여하는 것이다.

'불 시험(*pyrosei*, fire)' 은 문자적으로 풀무 불의 제련을 통하여 순금속과 불순물을 구분시키는 데서 유래된 것이다. 하나님은 성도들이 더욱 굳건하고 참된 믿음을 갖고, 또한 이들이 그리스도의 신실한 제자들이 되기 위해 때때로 호된 시련을 겪게 하신다. 하나님이 이 같은 시련을 허락하시는 이유는 성도들의 영적인 성장과 함께 신실하고 거룩한 삶을 살도록 하기 위해서다. 그러니 이런 일이 나에게 일어난다 해도 '이상한 일(*xenou*, a strange thing)' 당하는 것처럼 생각지 않아야 한다.

> "오히려 너희가 그리스도의 고난에 참여하는 것으로 즐거워하라 이는 그의 영광을 나타내실 때에 너희로 즐거워하고 기뻐하게 하려 함이라(13절)."

'그 시련으로 성도 여러분은 그리스도의 고난에 참여하게 되는 것이니 기뻐하라. 그러면 그리스도께서 영광 중에 나타나실 때 여러분도 그분과 함께 기뻐하게 될 것이다.' 이 땅에서 고난을 받는 것은 그리스도의 고난에 동참하는 것이니 기뻐하라는 것이다. 그러면 주께서 영광 중에 재림하실 때에 여러 성도들 또한 기뻐 뛰며 즐거워하게 될 것이다.

베드로가 말하는 고난은 그리스도의 고난(*pathemasin*, sufferings), 곧 주님을 위한 고난을 말한다. 그 고난에 참여하는 것만으로도 축복이다. 참여(*koinoneite*, you have shared)는 '코이노니아'로, 고난을 통해 예수님과 더 친밀한 교제를 갖게 한다는 뜻이다. 이 또한 축복이 아니겠는가. 그리고 고난 중에 기뻐하라 하였다. 세상적인 문제로 고난을 받으면 기쁠 일이 없다. 그러나 주님을 위한 고난이니 기쁘다.

'이는 그의 영광을 나타내실 때에 너희로 즐거워하고 기뻐하게 하려 함이라.' 이 말은 주의 영광이 드러날 때 우리가 즐거워하고 기뻐할 것을 미리 경험하게 하신 것임을 말해준다. 안이숙은 "주님을 위한 고난은 황홀경 같은 기쁨을 주신다." 고백했다. 주님을 위한 고난에 참여할 때만 느낄 수 있는 세상이 줄 수 없는 기쁨이다.

> "인자로 말미암아 사람들이 너희를 미워하며 멀리하고 욕하고 너희 이름을 악하다 하여 버릴 때에는 너희에게 복이 있도다 그 날에 기뻐하고 뛰놀라 하늘에서 너희 상이 큼이라 그들의 조상들이 선지자들에게 이와 같이 하였느니라."(눅 6:22-23).

> "우리가 잠시 받는 환난의 경한 것이 지극히 크고 영원한 영광의 중한 것을 우리에게 이루게 함이니."(고후 4:17).

지금 받는 고난이 진짜라면 우리가 받을 영광도 진짜가 아니겠는가. 지금 받는 고난은 앞으로 받을 크고 영원한 영광에 비할 바 못된다. 주님을 위한 고난은 그만큼 크고 귀중하다.

> "너희가 그리스도의 이름으로 치욕을 당하면 복 있는 자로다 영광의 영 곧 하나님의 영이 너희 위에 계심이라(14절)."

'여러분이 그리스도의 이름으로 모욕을 당한다면 행복한 사람들이다. 이것은 영광의 영이신 하나님의 성령이 여러분에게 머물러 계시기 때문이다.' 성도가 그리스도의 이름으로 모욕을 당하면(*oneidizesthe*, insulted) 복이 있다. 영광의 영이자 하나님의 영이신 성령이 성도들 위에 머물러 계시기 때문이다.

'영광의(*doxes*, of glory) 영'은 '하나님의 영(*Pneuma*, Spirit)'으로, 이는 성령을 가리킨다. 성령은 그리스도의 영이라 불리기도 한다(롬 8:9). 이 영이 고난 받는 성도와 함께 하시니(*anapauetai*, rest) 영광이 아닐 수 없다. 성도들 핍박과 고난 가운데 있어도 고난을 기쁘게 받아들이는 동시에 적극적으로 선을 행하면 그 고난은 영광에 이르게 한다. 그것을 즐거움으로 삼으면 마지막 날에 영광이 있다.

> "너희 중에 누구든지 살인이나 도둑질이나 악행이나 남의 일을 간섭하는 자로 고난을 받지 말려니와(15절)."

'성도 여러분은 아무도 살인과 도둑질과 악행과 남을 간섭하는 일로 어려움을 당하지 않도록 하라.' 성도들 가운데에 아무도 살인자(*phoneus*, a murderer)나 도둑(*kleptes*, a thief)이나 악을 행하는 자(*kakopoios*, an evildoer)나 남의 일을 간섭하는 자(*allotriepiskopos*, a troublesome meddler)로서 고난을 당하는 일이 없도록 하라는 것이다. 그리스도인은 악행이나 남의 일 간섭함, 곧 세상일로 고난을 받는 존재가 되어서는 안 된다. 이런 것은 세상의 고난으로 그리스도의 고난과는 구별되기 때문이다.

베드로는 15-16절을 통해 그리스도인이 받는 고난은 반드시 하나님의 이름으로 말미암아 받는 고난이어야 하며 세상적인 잘못으로 인한 것이어서는 안 된다는 것을 강조하고 있다. 그리스도의 고난에 참여하는 일은 차원이 다르기 때문이다. 그리스도인이 고난 가운데서도 현실을 초월하여 선을 행할 수 있는 것은 주의 영이 함께 하시고 우리 또한 우리 영혼을 하나님께 맡겼기 때문이다.

> "만일 그리스도인으로 고난을 받으면 부끄러워하지 말고 도리어 그 이름으로 하나님께 영광을 돌리라(16절)."

'그러나 여러분이 그리스도인이라는 이유로 고난을 받는다면 부끄러워하지 말고 오히려 그리스도인이라는 이름을 얻게 된 그것으로 하나님께 영광을 돌리라.' 그리스도인으로서 고난을 당하면 결코 부끄러워하지 말고 도리어 그 이름으로 하나님께 영광을 돌리라는 것이다.

'그리스도인(*Christianos*, a Christian)' 이란 명칭은 신약에 세 번 나온다(행 11:26, 26:28, 벧전 4:16). 성도들끼리는 '제자, 형제, 믿는 자, 선택받은 자, 성도' 등 여러 명칭을 사용했다. 유대인들은 '나사렛 이단들' 이라 불렀다(행 24:5). 사도행전에 따르면 안디옥 교인들에게 이 명칭이 붙여졌다. "만나매 안디옥에 데리고 와서 둘이 교회에 일 년간 모여 있어 큰 무리를 가르쳤고 제자들이 안디옥에서 비로소 그리스도인이라 일컬음을 받게 되었더라."(행 11:26). 이 때는 긍정적 의미로 사용되었다. 하지만 '그리스도인' 이란 명칭은 이방인들이 경멸하는 뜻으로도 사용했기 때문에 초기 성도들 사이에서는 잘 사용되지 않았다. 하지만 이 이름은 자랑스럽고 고귀한 명칭이 되었다.

여기서 고난은 그리스도의 고난에 참여하는 것을 말한다. 이 고난으로 참여할 경우 절대 부끄러워 할 것이 아니다. 오히려 하나님께 감사하고 영광을 돌려야(*doxazeto*, let him glorify) 한다. '부끄러워하다(*aischynestho*, let him be ashamed)' 는 누구의 명예를 손상시키는 것을 의미한다. 주님을 위해 고난 받으면서 '예수를 믿었는데 왜 이런 고난을 받는 거야' 투덜대고 불평하면 오히려 주님의 이름을 먹칠하는 일이 되고 만다.

8. 주의 뜻대로 고난 받는 자(17-19절): 그 영혼을 미쁘신 창조주께 의탁하라

---

17. 하나님의 집에서 심판을 시작할 때가 되었나니 만일 우리에게 먼저 하면 하나님의 복음을 순종하지 아니하는 자들의 그 마지막은 어떠하며
18. 또 의인이 겨우 구원을 받으면 경건하지 아니한 자와 죄인은 어디에 서리요
19. 그러므로 하나님의 뜻대로 고난을 받는 자들은 또한 선을 행하는 가운데에 그 영혼을 미쁘신 창조주께 의탁할지어다

> "하나님의 집에서 심판을 시작할 때가 되었나니 만일 우리에게 먼저 하면 하나님의 복음을 순종하지 아니하는 자들의 그 마지막은 어떠하며 (17절)."

'하나님의 집에서 심판을 시작할 때가 왔다. 심판이 우리에게서 먼저 시작된다면 하나님의 복음에 순종하지 않는 사람들의 마지막은 어떠하겠는가?' 하나님의 집에서부터 심판을 시작할 때(*ho kairos*, the time)가 되었다. 이 때는 하나님이 정하신 시간이다. 심판이 우리에게서 먼저 시작되면, 하나님의 복음에 순종하지 않는 자들의 마지막이 어떠하겠는가?

'하나님의 집에서 심판을 시작할 때가 되었나니.' '하나님의 집(*tou oikou tou Theou*, the house of God)' 은 교회를 의미한다(고전 3:16, 딤전 3:15). 심판은 성소에서부터 시작되며(겔 9:6, 렘 25;15-29) 그리스도인을 핍박하는

데서부터 비롯된다(마 24:8 이하) 하였다. 그러나 이 심판(*krima*, judgement)은 '판단(시험)' 이지 정죄를 말하는 것이 아니다(고전 11:32). 이 심판은 고통의 용광로와 같은 '불 시험' 을 가리킨다.

'만일 우리에게 먼저 하면.' 이 불 같은 시험이 이제 성도들로부터(*aph hemon*, from us) 시작되었다. 이것이 '먼저(*proton*, first)' 다. '하나님의 복음을 순종하지 아니하는 자들의 그 마지막은 어떠하며.' 성도들도 먼저 풀무불같은 시험을 당하는 데, 하물며 복음을 순종하지 않는 자들의 마지막(*to telos*, the outcome), 곧 그 결과는 어떻게 되겠는가. 복음을 거부함으로 인해 앞으로 그들이 당할 고난은 성도들이 당한 것과 비교할 수 없다. 이것은 믿지 않는 자의 결과가 엄중할 것을 예고하고 있다.

> "또 의인이 겨우 구원을 받으면 경건하지 아니한 자와 죄인은 어디에 서리요(18절)."

'의로운 사람도 구원을 받기가 이처럼 어렵다면 경건치 않은 사람과 죄인들은 얼마나 더 어렵겠는가?' 성도들이 이 땅에서 고난을 받고 불같은 시험을 거치는 데 믿지 않는 사람이나 죄인들은 어떻겠는가.

'의인이 겨우 구원을 받으면.' 의인(*ho dikaios*, the righteous)은 성도를 가리킨다. '겨우 구원을 받으면' 이라는 말은 구원받기(*sozetai*, be saved), 곧 성도들이 매우 힘든(*molis*, with difficulty) 지상생활을 거쳐 구원에 이르는 것을 뜻한다. 이 세상에서 성도는 믿음을 지켜나가기 위해 고난과 핍박의 과정, 곧 수많은 폭풍과 암초 사이를 헤쳐 나가야 하기 때문이다. 성도들은 비록 힘든 과정을 거치지만 늘 하나님의 인도를 받기 때문에 파선할 염려는 없다.

'경건치 아니한 자(*asebes*, ungodly)' 는 불신자를 가리킨다. 하나님을 경외하지 않는다는 점에서 불경건한 자이다. 죄인(*hamartolos*, sinners)도 마찬가지다. 그들은 구원에 이르지 못한다.

> "그러므로 하나님의 뜻대로 고난을 받는 자들은 또한 선을 행하는 가운데에 그 영혼을 미쁘신 창조주께 의탁할지어다(19절)."

'그러므로 하나님의 뜻에 따라 고난을 받는 사람은 계속 선한 일을 하면서 그 영혼을 신실하신 창조주 하나님께 맡겨라.'

'하나님의 뜻대로(*kata to thelema tou Theou*, according to the will of God) 고난을 받는 자' 는 그리스도의 고난에 동참하는 일은 바로 하나님의 뜻임을 말해준다. 하나님이 기뻐하시는 일이라는 말이다. 주안에서 영적으로 더욱 성숙하기 때문이다. '선을 행하는 가운데.' 고난도 선이지만 그 고난 가운데서도 하나님이 기뻐하시는 일을 해야 한다는 것을 말해준다.

'그 영혼(*tas psychas*, the souls)을 미쁘신 창조주께 의탁할지어다.' 모든 것을 주님께 맡기라는 말이다. '창조주(*Ktiste*, Creator)' 라는 단어가 이곳 신약에서 마지막으로 사용되고 있다. '미쁘신(*pisto*, faithful)' 은 '신실하여 믿을 수 있는' 것으로 가장 신뢰할만하다는 말이다. '의탁할지어다(*paratithesthosan*, let them commit).' 의탁은 보증금을 안전하게 맡긴다는 뜻을 가지고 있다. 보증금이 중요한 몫이듯 내 삶을 주님께 맡기는 것이다. "나의 앞날이 주의 손에 있사오니 내 원수들과 나를 핍박하는 자들의 손에서 나를 건져주소서 주의 얼굴을 주의 종에게 비추시고 주의 사랑하심으로 나를 구원하소서."(시 31:15, 16). 나의 모든 미래를 주님께 맡기라.

베드로전서 5장

1. 장로들을 향한 권면(1-4절): 자원함으로 하며 양 무리의 본이 되라

---

1. 너희 중 장로들에게 권하노니 나는 함께 장로 된 자요 그리스도의 고난의 증인이요 나타날 영광에 참여할 자니라
2. 너희 중에 있는 하나님의 양 무리를 치되 억지로 하지 말고 하나님의 뜻을 따라 자원함으로 하며 더러운 이득을 위하여 하지 말고 기꺼이 하며
3. 맡은 자들에게 주장하는 자세를 하지 말고 양 무리의 본이 되라
4. 그리하면 목자장이 나타나실 때에 시들지 아니하는 영광의 관을 얻으리라

> "너희 중 장로들에게 권하노니 나는 함께 장로 된 자요 그리스도의 고난의 증인이요 나타날 영광에 참여할 자니라(1절)."

'나는 장로들에게 같은 장로로서, 그리고 그리스도의 고난의 증인으로, 장차 영광을 함께 누릴 사람으로서 부탁한다.' 베드로는 성도들 가운데 장로로 있는 이들에게 같은 장로로서, 또한 그리스도의 고난의 증인이요 앞으로 나타날 영광을 함께 누릴 사람으로서 권면하고 있다.

'너희 중 장로들에게 권하노니.' 베드로는 이 구절에서 지금 장로들에게 권면하려 하고 있다. 장로(*presbyteros*, an elder)는 원래 나이와 관련된 호칭으로 불리었지만 점차 직위를 나타내는 칭호로 바뀌었다. 구약에서도 장로가 있었고, 신약에서는 예루살렘 교회에서 시작되어 점차 여러 교회로 번져갔다. 여기서 장로는 '교회 지도자, 주의 양을 돌보는 자' 다. 교인들에게 지도자가 필요하다. 이들에게는 건강한 영적 지도력이 관건이다. 영적으로 건강한가 여부는 하나님 말씀에 부합된 영적 권위가 살아있는 교회인가에 달려있다. 장로의 지도력은 주님의 양들을 향해 목자의 심정, 곧 하나님 아버지의 마음을 가지고 돌보는가에 달려있다. 그 마음을 잃으면 지도력을 잃게 된다.

베드로는 예수님으로부터 "내 양을 치라"는 명령을 받았다. 받들기에 송구스런 명령이다. 주님을 모른다고 세 번이나 부인하지 않았는가. 그 때를 생각하면 도저히 머리를 들 수 없다. 그럼에도 불구하고 주님은 그에게 하나님의 양을 치도록 하셨다. 주님이 그에게 세 번이나 "네가 나를 사랑하느냐?" 물으시고 "내 양을 치라" 하신 것은 주님이 얼마나 베드로를 신뢰하고 사랑하셨는가를 보여준다. 베드로를 향한 주님의 사랑 고백이 담긴 말씀이다. 주님이 물으실 때마다 베드로도 "내가 주님을 사랑하나이다." 고백했다. 그 후 베드로의 삶은 하나님의 양을 치는 삶으로 바뀌었다. 주님이 "내 양을 먹이라(feed my lamb)." 하셨을 때 그 양은 목사나 장로의 양 무리가 아니라 하나님의 양 무리(God's flock)임을 잊어서는 안 된다.

'나는 함께 장로 된 자(*ho sympresbyteros*, a fellow elder)요.' 베드로는 특히 자신도 장로 중 하나임을 강조하고 있다. 자신도 장로이므로 서로가 동역자라는 것이다. 사도인 베드로가 같은 장로직을 가진 자로서 교훈하려고 한다는 점에서 특이하다. 사도로서 자기의 우위를 내세우기보다 같은 동역자임을 강조한 것이다. 당시 장로는 한 교회의 감독으로서 목회자 역할을 담당했다. 따라서 지금의 장로 역할과는 다르다. 그는 주님을 통해서 그것을 배웠고, 목회 경험을 통해서도 그것을 배웠다.

'그리스도의 고난의 증인(*martys*, witness)이요.' 그리스도의 고난을 직접 본 증인이라는 것이다. 이 점이 베드로가 다른 장로들과 차이가 있음을 보여준다. 사도 요한도 자신이 증인임을 말해 주었다.

나아가 고난의 증인은 당시 교회가 핍박가운데 있음을 아울러 보여준다. 복음을 받아들이는 것 자체가 고난을 불러오는 상황인데다 교회가 이단이라는 흉악한 이리 떼들의 공격을 받고 있었다. 영적 지도자가 선 자리는 치열하게 영적 전투를 해야 하는 자리이고, 사단의 공격을 계속 받는 두려운 자리이며, 전체의 지도자로 모두를 위해 기도해 주지만 자신은 외로운 자리에 서야 하는 자리이다. 교인들뿐 아니라 교회의 영적 지도자들을 위해 기도할 필요가 있다.

'나타날 영광에 참여할 자(*koinonos*, partaker)니라.' 장차 나타날 영광에 참예할 자, 곧 그 영광을 같이 누릴 자라는 것이다.

> "너희 중에 있는 하나님의 양 무리를 치되 억지로 하지 말고 하나님의 뜻을 따라 자원함으로 하며 더러운 이득을 위하여 하지 말고 기꺼이 하며(2절)."

'장로는 여러분 가운데 있는 하나님의 양 떼를 잘 먹이라. 억지로 할 것이 아니라 하나님의 뜻을 따라 자진하여 하고, 더러운 이익을 탐하여 할 것이 아니라 기쁜 마음으로 하라.' 베드로는 장로들에게 교인들, 곧 하나님의 양 무리들을 돌봄에 있어서 꼭 유의해야 할 사항이 있다고 말한다. 하나님이 그들에게 맡겨 주신 양떼를 잘 돌봐야 한다. 돌보되 억지로 하지 말고 하나님의 뜻에 따라 기쁜 마음으로 해야 한다. 더러운 이득, 곧 단순히 봉급을 받을 생각으로 해서는 안 되며 진심으로 양떼를 보살펴야 한다.'

'너희 중에 있는 하나님의 양 무리를 치되.' 하나님이 장로들에게 맡겨주신 양 무리를 잘 치라는 것이다. 여기에서 '하나님의 양 무리(*poimnion tou Theou*, flock of God)' 라 했다. 장로의 양 무리가 아니라 하나님의 양 무리다. 양을 치는 것은 목자가 할 일이다. 그러나 그 양은 하나님의 양이다. 양의 소유권은 하나님께 있다는 말이다. 목자는 단지 그 양을 잘 돌봐야 할 책임을 가진 자다. 주님이 목자장이시고(4절), 장로는 그의 양을 돌보는 청지기, 곧 목자(*poimenos*, shepherd)이다.

2절과 3절은 '--하지 말고(*me*, not) --하라(*alla*, but)' 는 대조법이 사용되고 있다. 모두 세 가지로, 그중 두 가지는 2절에 있다.

'억지로 하지 말고 하나님의 뜻을 따라 자원함으로 하며.' 양 무리를 치되 억지로(*anankastos*, under compulsion), 곧 강압에 못 이겨 하지 말고 자원함으로(*hekousios*, willingly) 하라는 것이다. 양 무리를 치는 자는 양을 먹이고, 인도하고, 보호할 책임이 있다. 이 일을 기쁨으로 하라는 것이다.

'억지로 하지 말고.' 억지란 하기 싫은 데 의무감 때문에 할 수 없이 하는 것을 말한다. 개역한글에는 '부득이함으로' 라 하였다. 그러니 한다 해도 형식적인 섬김이 될 수밖에 없다. 그래서 자발성을 강조했다.

'하나님의 뜻을 따라 자원함으로 하며.' 주님의 일은 자원하는 마음이 아니면 안 된다는 것이다. 자원은 기꺼이 하는 행동이다. 누가 시켜서, 마지못해서 하는 행동과는 판이하게 다르다. 또한 그 결과도 확연히 다르다. 그리고 그 일은 자기의 뜻이 아니라 하나님의 뜻을 따르는 것이어야 한다. 주님을 위해 십자가를 지는 것이 어찌 쉬운 일인가. 어쩌다 한 두 번 할 수는 있다. 그러나 매일 지기는 어렵다. 자원하는 마음이 아니면 불가능한 것이 바로 주님의 일이다. 자원할 때 주님은 우리에게 기쁨으로 감당할 힘을 주신다.

'더러운 이득을 위하여 하지 말고 기꺼이 하며.' 더러운 이득을 위하여 하지 말고 기꺼이 하라는 것이다.

'더러운 이득을 위하여 하지 말고(*mede aischrokerdos*, and not for base gain).' 더러운 이득이란 봉급만을 생각만 하고 일하는(greedy for money) 것을 말한다. 하나님보다 돈을 염두에 두고, 하나님 나라 유익보다 자기 유익을 위해서 일한다면 그것은 더러운 이득이다. 더러운 이득은 금전만 해당되는 것이 아니다. 인기 때문에, 의무감 때문에, 그리고 자기에게 돌아올 어떤 이득을 기대하고 한다면 그것은 처음부터 잘못된 것이다.

'기꺼이 하며.' 더러운 이득에 맞선 개념으로 베드로는 '기꺼이(*prothymos*, eagerly),' 곧 '열망하는 마음으로' 라는 단어를 사용했다. 그 속에는 열심히 섬기기 원하는 마음, 곧 주님을 향한 열정(eager to serve)이 담겨 있다. '기꺼이' 를 개역한글에는 '즐거운 뜻으로' 라 하였다. 이 일이 하나님 나라의 일임을 확신하면서 열심(기쁨)을 가지고 최선을 다한다. 그 속에는 하나님을 위한 열심과 열정이 담겨 있다. 그 열정이 하나님을 위해 자신을 불태우게 한다.

"맡은 자들에게 주장하는 자세를 하지 말고 양 무리의 본이 되라(3절)."

'맡겨진 양떼를 지배하려 들지 말고 그들의 모범이 되라.' 3절에서는 대조법에서 세 번째 것이 소개되고 있다. 주장하는 자세를 하지 말고 양 무리의 본이 되라는 것이다.

'맡은 자들에게 주장하는 자세를 하지 말고(*med' katakyrieuontes*, not exercising lordship over).' 주장하는 자세는 권위주의적인 태도를 말한다. 교인들에 대해서도 자기 교인이라며 마치 소유권을 주장하듯, 물건 다루듯, 종 다루듯 해서는 안 된다는 말이다. 자기가 마치 주인인 것처럼 군림해서는 안 된다는 것(not lording)이다.

'양 무리의 본이 되라.' 본(*typoi*, examples)은 복수다. 한 가지에서만 본을 보이는 것이 아니라 여러 모로 그 본을 보여준다. 먼저 온유한 자세로 예수 그리스도의 모습을 보여준다. 그리스도가 모범이다. 사랑으로 하고, 소명감으로 한다. 나를 드러내는 것이 아니라 주님을 드러낸다. 영광 받으실 분은 내가 아니라 주님이시기 때문이다. 나아가 섬김의 리더십을 잘 보이라는 것이다. 섬기는 교회는 말씀중심으로 섬긴다. 말씀 위에 교회를 든든히 세운다(행 20:32). 남을 가르치는 자는 준비를 하면서 자기가 먼저 말씀 앞에 엎드리게 된다. 말씀을 붙잡고 그 영혼과 씨름하게 된다. 따라서 다스리는 장로보다 말씀과 함께 가르치는 장로를 더 존중해야 한다(딤전 5:17).

> "그리하면 목자장이 나타나실 때에 시들지 아니하는 영광의 관을 얻으리라(4절)."

'그러면 목자장이신 그리스도께서 다시 오실 때 시들지 않는 영광의 면류관을 받게 될 것이다.' 베드로는 이 세 가지를 장로들에게 강조한 다음, 이렇게 하면 우리의 목자 장이신 예수님이 오실 때에 시들지 않는 영광의 면류관을 얻게 되리라 하였다.

'그리하면 목자장이 나타나실 때에.' 그리스도의 재림의 때를 가리킨다. 장로들은 목자들이며, 그리스도는 그들의 목자로서 모든 성도들의 목자 장(*Archipoimenos*, Chief Shepherd)이 되신다. 목자 장이신 예수님은 영혼의 감독이시나. 성경은 예수님을 가리켜 '선한 목자(요 10:11, 14),' '양의 큰 목자(히 13:20)' 라 하였다. 베드로는 목자 위에 목자 장이 있음을 확실히 했다. 자기가 마치 목자 장인 것처럼 행동하지 말라는 말이다. 우리는 단지 주의 목자가 되는 것이다(be shepherds).

'시들지 아니하는 영광의 관(*tes stephanon doxes*, the crown of glory)을 얻으리라.' 시들지 않는(*amarantinon*, unfading), 곧 '변하지 않는' 영광의 면류관을 받게 된다. 베드로는 장로들이 그가 제시한 이 원칙에 충실하면 주님께서 결코 시들지 않는(never fade away) 영광의 관을 주신다 하였다. 결과가 선하다는 말이다. 주님은 말씀하신다. "선한 목자가 되라." 이것이 바로 성경적 리더십이다. 이 세상의 관은 월계수 잎이나 떡갈나무 잎으로 만들었기 때문에 시든다. 하지만 하늘의 면류관은 영원하다. 우리의 면류관은 자랑하기 위한 이 세상의 면류관이 아니라 변화된 성도들이 바로 면류관이다. "우리의 소망이나 기쁨이나 자랑의 면류관이 무엇이냐 그가 강림하실 때 우리 주 예수 앞에 너희가 아니냐."(살전 2:19).

2. 젊은 자들에 대한 권면(5-7절): 겸손으로 허리를 동이고 염려를 다 주께 맡기라

---

5. 젊은 자들아 이와 같이 장로들에게 순종하고 다 서로 겸손으로 허리를 동이라 하나님은 교만한 자를 대적하시되 겸손한 자들에게는 은혜를 주시느니라
6. 그러므로 하나님의 능하신 손아래에서 겸손하라 때가 되면 너희를 높이시리라
7. 너희 염려를 다 주께 맡기라 이는 그가 너희를 돌보심이라

> "젊은 자들아 이와 같이 장로들에게 순종하고 다 서로 겸손으로 허리를 동이라 하나님은 교만한 자를 대적하시되 겸손한 자들에게는 은혜를 주시느니라(5절)."

'청년들은 장로들에게 순종하며 겸손한 마음으로 서로 섬기라. 하나님은 교만한 사람을 대적하시고 겸손한 사람에게 은혜를 베푸신다.' 교회의 젊은이는 나이가 많은 장로들에게 복종하고, 모두가 서로서로 겸손의 옷을 입으라. 하나님께서는 교만한 자를 물리치시고, 겸손한 사람에게 은혜를 베푸신다.

'젊은 자들아 이와 같이 장로들에게 순종하고.' '젊은 자들(*neoteroi*,

younger ones)' 은 단순히 나이가 어린 성도를 가리키는 것이 아니라 교회의 젊은 직분자들을 가리킨다. 교회의 직분을 맡고 있다 할지라도 나이가 많은 직분자, 곧 영적 지도자인 장로들에게 겸손한 마음으로 순종하라는 것이다.

"너희를 인도하는 자들에게 순종하고 복종하라 그들은 너희 영혼을 위하여 경성하기를 자신들이 청산할 자인 것 같이 하느니라 그들로 하여금 즐거움으로 이것을 하게하고 근심으로 하게 하지 말라 그렇지 않으면 너희에게 유익이 없느니라."(히 13:17). '유익이 없다' 는 말은 영적으로 성숙이 없다는 것이다. "너는 센 머리 앞에서 일어서고 노인의 얼굴을 공경하며 네 하나님을 경외하라 나는 여호와이니라."(레 19:32).

'서로 겸손으로 허리를 동이라.' '동이라(*enkombosasthe*, gird on)' 는 말은 옷을 입을 때 사용되는 말이다. 종이 일하기 전에 옷차림을 간편하게 하는 것처럼 스스로 남을 섬겼던 그리스도를 본받아 낮은 자리에서 남을 섬겨야 한다는 말이다. 겸손(*tapeinophrosynen*, humility)으로 허리를 동이는 것은 허리만 겸손 하라는 것이 아니다. 머리끝에서부터 발끝까지 겸손 하라는 말이다. 겸손의 앞치마를 두른다는 것도 마찬가지다. 자발적 겸손이다. 겸손한자는 순종하고, 모든 염려를 주께 맡긴다.

'하나님은 교만한 자를 대적하시되 겸손한 자들에게는 은혜를 주시느니라.' 하나님은 교만한 사람(*hyperephanois*, the proud)을 싫어하고 거부하신다(*antitassetai*, oppose). 그러나 겸손한 사람을 기뻐하시고 그에게 은혜(*charin*, grace)를 베푸신다. 하나님은 겸손한 자 편에 서신다.

> "그러므로 하나님의 능하신 손아래에서 겸손하라 때가 되면 너희를 높이시리라(6절)."

'그러므로 여러분은 하나님의 능력의 손 아래로 자기를 낮추라. 때가 되면 하나님께서 여러분을 높이실 것이다.' '그러므로(*oun*, therefore)'는 베드로가 소결론을 맺으며 말하고자 함을 뜻한다. '하나님의 능하신 손(ten krataian cheira, the mighty hand)아래에서 겸손 하라.' 능력이 많으신 하나님, 전증하신 하나님 앞에서 자신을 낮추라는 말이다. '때(*kairo*, due time)가 되면.' 베드로는 다시 한 번 종말론적인 관점에서 성도들을 격려하고 있다. 그 때가 되면 하나님이 겸손한 성도를 높여 주실 것이다(*hypsose*, he may exalt). 그러니 끝까지 겸손하라는 것이다.

"너희 염려를 다 주께 맡기라 이는 그가 너희를 돌보심이라(7절)."

'여러분의 염려를 모두 다 하나님께 맡기라. 하나님은 여러분을 보살피고 계신다.'

'너희 염려를 다 주께 맡기라.' 원문은 '모든 염려(*pasan ten merimnan*, all the anxiety)'다. 한 가지 염려만 맡기는 것이 아니다. 모든 염려를 주께 맡긴다. '맡기라(*epiripsantes*, cast)'는 말은 원래 힘껏 던져 버리라는 뜻이다. 모든 염려를 완전히 주님께 맡기는 것이다. 주께 맡기라는 것은 주님의 관심이 염려와 걱정에 있는 것이 아니라 우리에게 있다는 것을 보여준다. 염려는 무엇 때문에 마음이 나뉜다는 뜻이 담겨 있다. 염려하면 생각이 나누어지고 불안해진다. 우리의 염려들을 따지고 보면 내가 염려한다고 해서 할 수 있는 것들이 아니다. 염려하고, 원망하고, 불만하면 우리의 영적인 힘만 쇠약해질 뿐이다.

'이는 그가 너희를 돌보심(*melei*, care)이라.' 모든 염려를 던져 버리듯 주님께 맡길 수 있는 확실한 근거다. 주님께서 우리를 보살펴 주고 계시기 때문이다. 주께 맡긴 염려를 다시 주워 염려 속으로 들어가는 우리가 아닌지 우리 자신을 살펴보자.

3. 근신과 깨어있음(8-11절): 믿음을 굳건하게 하여 마귀를 대적하라

---

8. 근신하라 깨어라 너희 대적 마귀가 우는 사자 같이 두루 다니며 삼킬 자를 찾나니
9. 너희는 믿음을 굳건하게 하여 그를 대적하라 이는 세상에 있는 너희 형제들도 동일한 고난을 당하는 줄을 앎이라
10. 모든 은혜의 하나님 곧 그리스도 안에서 너희를 부르사 자기의 영원한 영광에 들어가게 하신 이가 잠깐 고난을 당한 너희를 친히 온전하게 하시며 굳건하게 하시며 강하게 하시며 터를 견고하게 하시리라
11. 권능이 세세무궁하도록 그에게 있을지어다 아멘

"근신하라 깨어라 너희 대적 마귀가 우는 사자 같이 두루 다니며 삼킬 자를 찾나니(8절)."

'정신을 차리고, 깨어 있으라. 여러분의 원수 악마가, 우는 사자 같이 삼킬 자를 찾아 두루 다닌다.' 바짝 정신을 차리고 철저하게 경계하라. 성도들의 원수인 마귀가 울부짖는 사자처럼 삼킬 자를 찾아 돌아다니고 있기 때문이다.

'근신하라 깨어라.' '근신하라(*nepsate*, be sober-minded)' 는 것은 원래의 뜻은 중독되지 않고 취하지 않고 맑은 정신으로, 순전한 마음으로 믿음을 지킨다는 뜻이다. '깨어라(*gregoresate*, watch).' 깨어 있는 것은 파수꾼처럼 깨어 지키는 것으로 마귀의 시험에 넘어지지 않기 위함이다.

'너희 대적 마귀가 우는 사자 같이 두루 다니며 삼킬 자를 찾나니.' 마귀(*diabolos*, devil)는 사단이다. 성경에서 마귀는 시험하는 자, 참소하는 자, 귀신의 왕, 베리알, 공중의 권세 잡은 자 등 다양하게 불리고 있다. 여기서는 '우는 사자(*oryomenos leon*, roaring lion)' 로 묘사되고 있다. 굶주린 사자처

럼 사납다는 말이다. 사단의 교활함을 나타낼 때는 뱀으로 불리고, 거짓됨을 나타낼 때는 광명한 천사로 표현된다. 사단이 우는 사자처럼 두루 다니며 삼킬 자를 찾는다. "사자가 자기의 굴에 엎드림 같이 그가 은밀한 곳에 엎드려 가련한 자를 잡으려고 기다리며 자기 그물을 끌어당겨 가련한 자를 잡나이다."(시편 10:9). 공포감을 준다. 예수님도 사단의 유혹을 받으셨고, 베드로도 유혹을 받았다(막 8:33). 우리 성도들도 그 유혹에서 자유로울 수 없다.

> "너희는 믿음을 굳건하게 하여 그를 대적하라 이는 세상에 있는 너희 형제들도 동일한 고난을 당하는 줄을 앎이라(9절)."

'그러므로 믿음에 굳게 서서 마귀를 대항하여 싸우라. 세상에 흩어져 있는 모든 성도들도 이 같은 고난을 겪고 있다.' 성도는 언제나 믿음에 굳게 서서, 악마에 맞서 싸워야 한다. 세상에 있는 여러 형제자매들도 다 같은 고난을 겪고 있기 때문이다.

'너희는 믿음을 굳건하게 하여 그를 대적하라.' 마귀는 하나님을 대적한다. 따라서 마귀를 대적하는 것이 그리스도인의 생존 장비이다. '믿음에 굳게 서서(*stereoi te pistei*, firm in the faith)' 마귀의 유혹에 저항해야(*antistete*, should resist) 한다. 마귀가 아무리 유혹하고 시험을 들게 해도 하나님 자녀 모두를 소유할 수는 없다.

우리는 여기서 하나님은 왜 마귀를 허용하시는가 생각할 필요가 있다. 그것은 부패한 본성을 가지고 있는 우리가 늘 근신하고 깨어 있도록 하기 위함이다. 우리를 영적 긴장 상태에 두기 위함이다. 따라서 마귀의 시험을 받을 때 하나님을 바라볼 필요가 있다. 마귀를 강력하게 대적하기 위해서는 하나님의 능력을 받아야 한다. 성령이 주시는 새로운 제2의 본능이 필요하다. 그 능력이 없어 문제다.

'이는 세상에 있는 너희 형제들도 동일한 고난(*ta auta ton pathematon*, the same suffering)을 당하는 줄을 앎이라.' 이 땅의 성도들 모두 이 마귀 유혹에서 결코 자유로울 수 없음을 말하고 있다. 마귀의 유혹에 쓰러지지 말라.

> "모든 은혜의 하나님 곧 그리스도 안에서 너희를 부르사 자기의 영원한 영광에 들어가게 하신 이가 잠깐 고난을 당한 너희를 친히 온전하게 하시며 굳건하게 하시며 강하게 하시며 터를 견고하게 하시리라(10절)."

'모든 은혜를 주시는 하나님, 곧 그리스도 안에서 여러분을 자기의 영원한 영광에 불러들이신 분께서 잠시 동안 고난을 받은 여러분을 친히 온전하게 하시고, 굳게 세워 주시고, 강하게 하시고, 기초를 튼튼하게 하여 주실 것이다.' 성도들이 얼마 동안 고난을 겪고 나면 그리스도 안에서 성도 여러분을 불러 영원한 영광을 함께 누리게 하신 모든 은혜의 하나님께서 성도 여러분을 친히 완전하게 하시고 굳세게 하시고 강하게 하시며 튼튼하게 세워 주실 것이라는 말씀이다.

베드로는 마귀의 시험이 큰, 이 고난의 과정에서 하나님과 성도가 어떤 관계에 있게 되는가를 보여주고 있다. 하나님은 모든 은혜를 주시는 하나님(*ho Theos pases charitos*, the God of all grace)이시다. 이 하나님은 그리스도 안에서 성도를 자기의 영원한 영광에 불러들이시는 분이시다. 고난당하는 우리를 그의 영원한 영광으로 부르신다는 것은 하나님의 은혜가 아닐 수 없다.

하나님은 성도가 고통 가운데서 부르짖을 때 구원하는 분이시고 인도하시는 분이시다(시 107:19, 28). 은혜는 그대로 받을 수밖에 없다. 거절할 수도 없다. 그러니 고난당할 때 그것을 축복으로 생각하라. 그렇지 않으면 '왜 하나님은 나를 저주하시는가?' '나를 잊으셨는가?' 생각하게 되고 삶이 점차 힘들어 진다. 하나님은 악한 분이 아니시다. 선한 분이시다.

'잠깐 고난을 당한 너희' 는 잠시 동안 고난을 받은 성도들이다. 이 세상 고난은 잠깐(*oligon*, a little while)이요 지나가는 것이요 영원하지 않다. 인생은 허들경기다. 넘어져도 달리다 보면 종착역에 도달한다. 달리다보면 승리할 때도 있다.

베드로는 성도들이 근신하고 깨어있으면 네 가지 복을 주신다고 말한다. 고난당하고 나면 더 나은 사람으로 만들어주신다는 것이다.

첫째, 친히 온전하게 하신다(*katartisei*, will perfect). 고난을 통해 모든 상처를 치유하신다(restore you). 고난 때문에 말씀을 지키게 되고, 주의 윤리를 배우게 된다(시 119:67, 71).

둘째, 굳건하게 하신다(*sterixei*, will confirm). 용기가 필요한 자에게 힘을 주시고 굳세게 하신다(make you firm).

셋째, 우리로 강하게 하신다(*sthenosei*, will strengthen, make you strong). 흔들림 없게 하신다.

끝으로, 터를 견고하게 하신다(*themeliosei*, will establish). 반석 위에 세우고 튼튼하게 하신다(make you steadfast).

성도가 영적 전투를 잘 감당할 때 성도의 견인, 곧 참고 견디면 이 같은 복을 주신다. 고난은 하나님의 저주가 아니라 축복이다. 위장된 축복이다. 그러므로 고난당할 때 하나님께 전적으로 위탁하며 살라.

> "권능이 세세 무궁하도록 그에게 있을 지어다 아멘(11절)."

'능력이 하나님께 길이길이 함께 하기를 기도합니다. 아멘.' 성도들을 고난 가운데서도 한 결 같이 복을 주시니 하나님께 영광을 돌리지 않을 수 없다.

권능(*to kratos*, the power)은 권세와 능력을 말한다. 그 권능이 하나님께 세세 무궁토록(*eis tous aionas ton aionon*, to the ages of the ages), 곧 길

이길이 함께 하기를 기도한다. 성도들은 모든 권세와 찬양을 은혜의 하나님께 돌려야 한다는 것이다.

4. 문안과 축도(12-14절): 너희 모든 이에게 평강이 있을 지어다

---

12. 내가 신실한 형제로 아는 실루아노로 말미암아 너희에게 간단히 써서 권하고 이것이 하나님의 참된 은혜임을 증언하노니 너희는 이 은혜에 굳게 서라
13. 택하심을 함께 받은 바벨론에 있는 교회가 너희에게 문안하고 내 아들 마가도 그리 하느니라
14. 너희는 사랑의 입맞춤으로 서로 문안하라 그리스도 안에 있는 너희 모든 이에게 평강이 있을 지어다

> "내가 신실한 형제로 아는 실루아노로 말미암아 너희에게 간단히 써서 권하고 이것이 하나님의 참된 은혜임을 증언하노니 너희는 이 은혜에 굳게 서라(12절)."

'내가 신실한 형제로 여기는 실루아노를 통해 나는 여러분에게 간단히 편지를 써서 여러분을 격려하고 주님을 위해 고난 받는 이것이 하나님의 참된 은혜임을 증거 하였다. 그러므로 성도 여러분은 이 은혜에 굳게 서기 바란다.'

'내가 신실한 형제로 아는 실루아노로 말미암아 너희에게 간단히 써서.' 베드로가 신실한 형제(*tou pistou adelphou*, the faithful brother)로 여기는 실루아노(*Silouanou*, Silvanus)를 통해(*dia*, through) 성도 여러분에게 전달하려고 몇 마디 썼음을 밝히고 있다.

실루아노는 실라다. 바울 서신과 베드로 서신에는 실루아노로 불렀고, 사

도행전에는 실라(Silas)라 불렀다. 그는 예루살렘 교회의 덕망 있는 지도자 중 한 사람으로, 예루살렘 총회 결의에 따라 바울과 같이 안디옥에 파견되었고 빌립보에서는 바울과 같이 옥에 갇히기도 했다. 그가 베드로에게 어떤 도움을 주었는지는 정확히 알 수는 없다. 그는 베드로의 서신을 소아시아에 전달한 인물로, 베드로전서와 후서를 기록하는데 도움을 주었을 것으로 보인다.

베드로는 이 구절에서 자기의 편지가 '간단히 쓴 것,' 곧 '내가 몇 마디 쓴 것(*oligon egrapsa*, few words I have written)' 이라 하였다. 베드로전서가 베드로가 쓴 작은 서신이라는 뜻이다. 베드로는 베드로전서 1:2을 통해 이 편지는 자신이 쓴 것임을 밝혔다.

'권하고 이것이 하나님의 참된 은혜임을 증언하노니.' 이 서신을 통해 베드로는 성도 여러분을 격려하고(*parakalon*, exhorting) 주님을 위해 고난을 받는 것이 하나님의 참된 은혜(*alethe charin*, the true grace)라는 것을 증언하고자 했음을 밝혔다.

'너희는 이 은혜에 굳게 서라.' 성도 여러분은 이 은혜 안에 든든히 서라(stete, stand)는 것이다.

> "택하심을 함께 받은 바벨론에 있는 교회가 너희에게 문안하고 내 아들 마가도 그리 하느니라(13절)."

'여러분과 함께 선택된 바빌론에 있는 여러분의 자매 교회가 여러분에게 문안하고 내 아들 마가가 여러분에게 문안한다.'

'바벨론에 있는 교회가 너희에게 문안하고.' 바벨론(*Babyloni*, Babylon)에 있는 교회는 베드로가 이 서신을 기록한 장소를 가리킨다. 바벨론에 대해서는 로마를 가리키는 상징적 표현, 고대 바벨론, 이집트에 있는 바벨론 지역, 예루살렘에 대한 상징적 표현 등 여러 견해가 있다. 베드로는 로마에 있었고 이집

트나 바벨론에 간 적이 없어 로마를 가리키는 것으로 보는 것이 일반적이다. 베드로가 굳이 로마를 바벨론으로 표현한 것은 성도들이 로마에서 박해를 당하고 있는 것을 이스라엘이 바벨론에서 포로생활을 했던 것에 빗대어 표현한 것으로 보인다.

'내 아들 마가도 그리 하느니라.' 마가(*Markos*, Mark)는 마가복음을 기록한 마가로, 바나바의 조카이다. '내 아들(*ho huios mou*, the son of me) 마가' 라 한 것은 육체관계의 친 아들이라기보다 영적 관계의 아들, 곧 믿음의 아들이라는 것이다. 그만큼 마가와 밀접한 관계를 가지고 함께 사역했음을 보여준다. 전승에 따르면 마가는 베드로의 통역관 역할을 했다고 한다. 바울도 디모데를 자신의 아들이라 불렀다(딤전 1:2, 8). 베드로가 실라와 마가 두 사람을 언급한 것을 볼 때 실라와 마가가 참된 은혜의 증언자의 역할을 했음을 알 수 있다.

> "너희는 사랑의 입맞춤으로 서로 문안하라 그리스도 안에 있는 너희 모든 이에게 평강이 있을 지어다(14절)."

'성도 여러분은 사랑의 입맞춤으로 서로 문안하라. 그리스도 안에 있는 여러분 모두에게 평안이 있기를 기도합니다.'

'너희는 사랑의 입맞춤으로 서로 문안하라.' 사랑의 입맞춤(*philemati agapes*, a kiss of love)은 초대교회에서 성도들 간에 최고의 형제애를 표하는 공식적인 행위였다(고전 16:20, 살전 5:26). 성도의 사랑으로 서로 문안하라는 것이다.

'그리스도 안에 있는 너희 모든 이에게 평강이 있을 지어다.' 주안에서의 평강(*eirene*, peace)을 기원하는 것으로 베드로전서를 마감한다. 평강의 축도로 끝을 맺은 것이다.

베드로후서

베드로후서 1장

1. 인사(1-2절):
주 예수를 앎으로 은혜와 평강이 너희에게 더욱 많을지어다

---

1. 예수 그리스도의 종이며 사도인 시몬 베드로는 우리 하나님과 구주 예수 그리스도의 의를 힘입어 동일하게 보배로운 믿음을 우리와 함께 받은 자들에게 편지하노니
2. 하나님과 우리 주 예수를 앎으로 은혜와 평강이 너희에게 더욱 많을지어다

> "예수 그리스도의 종이며 사도인 시몬 베드로는 우리 하나님과 구주 예수 그리스도의 의를 힘입어 동일하게 보배로운 믿음을 우리와 함께 받은 자들에게 편지하노니(1절)."

'예수 그리스도의 종이요 사도인 시몬 베드로가, 우리 하나님과 구주 예수 그리스도의 의를 힘입어서, 우리의 믿음과 같은 귀한 믿음을 받은 성도들에게 이 편지를 쓴다.' 베드로는 핍박 가운데 있는 소아시아 지방의 성도들에게 베드로전서를 이어 후서를 보내 구원의 교리를 다시 상기시켜 주고자 했다. 이 편지는 베드로 자신의 편지임을 확인해주고 있다.

'예수 그리스도의 종이며 사도인 시몬 베드로는.' 원문에는 시몬 베드로가 먼저 소개되고 있다. 베드로는 자신을 시몬 베드로(*Symeon Petros*, Simon Peter)라 하였다. 시몬은 그의 본명이다. 예수님이 그에게 바위를 뜻하는 '게바(Cephas)' 라는 아람어 이름을 별명으로 붙여주셨다. 이 이름을 헬라어로 음역하면 '케파스(*kephas*)' 가 되고 번역하면 '페트로스' 가 된다. 다 바위라는 뜻이다. 그는 이 외에도 '요한의 아들' 또는 '바요나(*Barjona*, 마 16:17, 요나의 아들)' 라 불리기도 했다.

나아가 베드로는 자신을 예수 그리스도의 종(*doulos*, a servant)이며 사도(*apostolos*, apostle)로 소개하였다. 이것은 그가 예수 그리스도의 종으로서 전적으로 그리스도의 가르침과 뜻에 복종해야 하며, 또한 그의 사도로서 하나님의 말씀, 곧 복음을 전할 권한을 가지고 있음을 보여주고 있다.

'우리 하나님과 구주 예수 그리스도의 의를 힘입어.' 우리 하나님과 구주 예수 그리스도의 의를 힘입어서(*en dikaiosyne*, through the righteousness), 다시 말해 하나님의 깊으신 사랑과 우리의 구원자(*Soteros*, savior)이신 예수 그리스도께서 흘리신 보혈의 피를 통해 속죄함, 곧 죄인인 우리가 의롭다 함을 받았다는 것이다. 이것은 구원의 기초 교리이다. 인간이 하나님 앞에서 의로워질 수 있는 유일한 방법은 예수님의 의를 덧입는 것이다. 따라서 성도의 의는 인간 스스로 이룩한 의가 아니라 하나님으로부터 받은 의이다. 성도들이 얻은 구원은 자신의 의로 비롯된 것이 아니라 예수 그리스도의 의로 말미암아 이루어졌다. 이 모두 하나님의 은혜이다. 따라서 개인적으로 자기의 의를 내세울 수 없다.

'동일하게 보배로운 믿음(*pistin*, a faith)을 우리와 함께 받은 자들에게 편지하노니.' '동일하게 보배로운(*isotimon*, equally precious) 믿음' 은 믿음의 분량이나 정도가 동일하다는 것이 아니다. 믿음의 근거가 되는 동일한 그리스도를 우리가 구주로 믿는 것 자체가 똑같이 보배롭다는 뜻이다.

이 믿음은 여러 성격을 띠고 있다. 믿음은 의심하지 않고 약속을 믿고 확신하는 것(assurance)이다. 바라는 것들의 실상으로 받아들이는 것이다. 믿음은 삶의 자세이다. 믿음의 사람은 긍정적이고 적극적이어야 한다. 믿음은 하나님과 교통할 수 있는 유일한 길이다. 우리는 하나님을 보지도, 듣지도, 냄새 맡지도, 만지지도 못한다. 오직 믿음으로 교통할 수 있다. 믿음만이 하나님을 기쁘시게 할 수 있다. 우리는 돈이 아니라 하나님을 믿어야 한다.

> "하나님과 우리 주 예수를 앎으로 은혜와 평강이 너희에게 더욱 많을지어다(2절)."

'하나님과 우리 구주 예수 그리스도를 아는 지식으로 은혜와 평안이 더욱 넘치기를 기도한다.' 성도들이 그리스도를 아는 지식이 많아져 믿음가운데 더 풍성한 삶을 살기 바란다는 것이다. '하나님과 우리 주 예수를 앎으로.' 하나님과 예수 그리스도를 아는 지식으로 넘쳐나기를 바란다는 것이다. 베드로는 2-4절을 통해 구원 받은 성도들의 생활 목표가 무엇인가를 밝히고 있다. 2절에서는 그 첫째로 하나님과 우리 주 예수를 아는 일이라 하였다. 그리고 4절에서는 신의 성품에 참예하는 것이라 하였다.

여기서 '앎(*epignosei*, the knowledge)' 은 일반적인 지식을 뜻하는 '그노시스(*gnosis*)' 와 '--위에' 라는 뜻을 가진 '에피(*epi*)' 의 합성어이다. 세상 지식이 아니라 그보다 차원이 높은 하나님의 뜻과 그 진리에 관한 지식을 의미한다(고전 13:2). 예수를 아는 지식은 베드로후서에 여러 구절을 통해 잘 나타나있다(1:3, 5, 8; 3:8). 이것은 후론할 이단적인 가르침에 맞서 싸우고 반론을 제기하는 데 있어서 매우 중요하다.

'은혜와 평강이 너희에게 더욱 많을 지어다.' 하나님과 우리 주 예수를 앎으로써 은혜와 평화가 성도 여러분에게 더욱 풍성하여지기를 바란다는 것이다. 은혜(*charis*, grace)와 평강(*eirene*, peace) 모두 하나님으로부터 온다. 하나님은 우리에게 이것을 주심으로 남을 용서하고, 죄를 이길 수 있는 힘을 주신다. 그리스도인이 가는 마다 은혜와 평강이 넘쳐야 한다.

2. 생명과 경건에 속한 모든 것을 주셨으니(3-4절): 신성한 성품에 참여하는 자가 되라

---

3. 그의 신기한 능력으로 생명과 경건에 속한 모든 것을 우리에게 주셨으니 이는 자기의 영광과 덕으로써 우리를 부르신 이를 앎으로 말미암음이라
4. 이로써 그 보배롭고 지극히 큰 약속을 우리에게 주사 이 약속으로 말미암아 너희가 정욕 때문에 세상에서 썩어질 것을 피하여 신성한 성품에 참여하는 자가 되게 하려 하셨느니라

> "그의 신기한 능력으로 생명과 경건에 속한 모든 것을 우리에게 주셨으니 이는 자기의 영광과 덕으로써 우리를 부르신 이를 앎으로 말미암음이라(3절)."

'하나님께서는, 우리가 그를 앎으로 말미암아 생명과 경건에 이르게 하는 모든 것을, 그의 권능으로 우리에게 주셨다. 하나님은 우리를 부르셔서 그의 영광과 덕을 누리게 해 주신 분이시다.'

'그의 신기한 능력으로.' 하나님께서는 우리에게 생명과 경건에 관한 모든 것을 주시기 위해 신적인 능력(*tes theias dynameos*, the divine power), 곧 하나님만이 가지신 능력, 성령을 통한 능력을 행사하셨다.

'생명과 경건에 속한 모든 것을 우리에게 주셨으니.' 하나님이 우리에게 주시고자 하신 것은 생명(*zoen*, life)과 경건(*eusebeian*, godliness)에 속한 모

든 것이다. 생명은 구원, 곧 영생을 뜻한다. 그리고 경건은 구원 받은 성도가 세상의 죄악을 이기고 살 수 있는 능력이다. 베드로는 이 모든 것을 하나님으로부터 받았음을 말해주고 있다.

생명과 경건에 속한 모든 것은 '신적인 권능' 곧 하나님의 힘을 통해 얻은 것이다. 이제 생명과 경건에 속한 모든 것은 우리로부터 멀리 있는 것이 아니라 이미 우리 모두에게 주어졌다. 우리는 이것을 가졌기 때문에 모든 것을 이길 수 있어야 한다. 생명과 경건은 모두 영적인 것이다. 예수님이 우리를 그의 자녀로 부르실 때 이 능력을 주셨다.

따라서 이 능력이 우리 안에서 지금도 역사하고 있다. 이 힘은 내 안의 삶(inner life)에 역사하는 내적인 힘(inner power)이다. 이 힘을 가진 사람은 죄를 더 이상 자기가 이길 수 없는 고릴라로 보지 않고 개미로 보게 된다. 겨자씨만한 믿음만 있으면 산(삶의 어려움)을 움직일(극복할) 수 있다. 우리는 산을 움직일 수 있는 믿음을 가져야 한다.

'이는 자기의 영광과 덕으로써 우리를 부르신 이를 앎으로 말미암음이라.' 이것, 곧 생명과 경건에 이르게 하는 모든 것은 자신의 영광과 덕으로써 우리를 부르신 분을 우리가 알게 될 때 얻어진다. 영광(*doxe*, glory)과 덕은 하나님의 뛰어나심을 보여주는 내용들이다. 영광은 그의 내면적 속성의 뛰어남을, 덕(*arete*, excellence)은 그의 외면적 행위의 뛰어남을 나타낸다. 그 영광과 덕은 우리가 예수님과 같이 살아갈 때 나타난다.

> "이로써 그 보배롭고 지극히 큰 약속을 우리에게 주사 이 약속으로 말미암아 너희가 정욕 때문에 세상에서 썩어질 것을 피하여 신성한 성품에 참여하는 자가 되게 하려 하셨느니라(4절)."

'하나님은 이 영광과 덕으로 귀중하고 아주 위대한 약속들을 우리에게 주셨다. 그것은 이 약속을 통해 성도 여러분이 세상의 파괴적인 정욕을 피하여 신의 성품에 참여하도록 하셨다.'

'이로써 그 보배롭고 지극히 큰 약속을 우리에게 주사.' 하나님은 우리에게 보배롭고 지극히 큰 약속들(*ta timia kai megista epangelmata*, the precious and magnificent promises), 곧 고귀하고 참된 약속들을 주셨다. 단수가 아니라 복수의 약속이다. 이 약속들은 가장 훌륭한 하나님의 약속으로 성도에게 주어진 구원과 영생, 그리고 천국의 약속(벧후 3:13) 등이다. 성도는 이 약속을 가진 자로서 전과는 다른 삶을 살아야 한다.

'이 약속으로 말미암아 너희가 정욕 때문에 세상에서 썩어질 것을 피하여 신성한 성품에 참여하는 자가 되게 하려 하셨느니라.' 하나님이 우리에게 아주 영적으로 소중하고 중요한 구원의 약속을 주신 것은 우리가 다시는 세상 정욕으로 인해 부패한 사람이 되는 것이 아니라 하나님의 성품에 참여하는 사람이 되게 하시려는 것이다.

하나님은 그 보배롭고 큰 참된 약속, 곧 구원의 약속을 이미 우리에게 주셨다. 그럼에도 불구하고 왜 우리는 받지 않은 것처럼 행동하게 될까? 그것은 믿음이 부족하기 때문이다. 이 약속을 현실화하기(내 것으로 만들기) 위해서는 믿음이 필요하다. 그 약속을 의심하지 않고 믿어야 한다. 믿으면 우리의 배에서 생수의 강이 넘치게 된다.

우리 속에는 이미 그리스도가 내장되어 있다. 생수의 강이 멀리 있는 것이 아니라 바로 우리 안에 있다. 우리는 그것을 달라고 기도할 것이 아니라 우리 속에 있는 것을 내어놓고 활용해야 한다. 하나님은 이미 주었는데 받았다는 사실을 모르고 왜 자꾸만 달라고 기도하는지 모르겠다며 안타까워하실 것이다.

'신성한 성품(*theias physeos*, the divine nature)에 참예하는 자(*koinonoi*, partakers)가 되게 하려 하셨느니라.' 문자적으로는 '신적인 교제를 갖게 하셨다' 는 것이다. 그리스도인들이 신과 같이 된다는 것이 아니라 하나님과 영적인 교제, 곧 거룩한 교제를 갖게 되는 것을 말한다. 성도는 믿음으로 말미암아 구원을 얻지만 날마다 그리스도를 본받는 삶을 살도록 노력함으로써 그 인격 전체가 하나님을 닮는 성화에 이르게 된다.

성화에 이르기 위해서는 크게 두 가지 요소가 필요하다. 하나는 하나님의 신기한 능력(3절), 곧 신성한 능력이다. 성령의 능력으로 말미암아 우리는 생명과 경건을 얻는다. 다른 하나는 하나님의 지극히 큰 약속(4절)이다. 이것은 구원의 약속으로, 이것을 통해 우리는 세상적인 것을 버리고 하나님 나라에 대한 소망을 갖게 된다.

하나님은 성령의 능력을 통해 우리로 하여금 그리스도를 지속적으로 따르고 그의 성품을 닮도록 하심으로 신성한 성품에 참예하게 하신다. 신성한 성품에 참예하는 것은 하나님이 우리에게 주신 선물이며 우리의 목표이다. 하나님은 오늘도 신의 성품에 참예하도록 생명을 공급하신다. 그리스도의 생명을 가진 사람, 신의 성품에 참예하는 사람은 유혹과 세상으로부터 보호를 받는다.

3. 신성한 성품에 참예하기 위한 8가지 요소(5-7절): 믿음에 덕을, 덕에 지식을 더하라

---

5. 그러므로 너희가 더욱 힘써 너희 믿음에 덕을, 덕에 지식을,
6. 지식에 절제를, 절제에 인내를, 인내에 경건을,
7. 경건에 형제 우애를, 형제 우애에 사랑을 더하라

"그러므로 너희가 더욱 힘써 너희 믿음에 덕을, 덕에 지식을(5절)."

'그러므로 성도 여러분은 열성을 다하여 여러분의 믿음에 덕을 더하고, 덕에 지식을 더하라.'

5-11절은 구원 받은 성도들이 이 세상에서 해야 할 것들을 기록하고 있다. 특히 5-7절은 신성한 성품에 참예하는 자가 마치 산을 오르는 것처럼 새로운 삶의 단계를 밟으며 전진하도록 했다. 베드로는 그 단계를 8가지로 보았다. 그 출발점은 믿음이고, 그 정상은 사랑이다.

5절은 믿음, 덕, 그리고 지식이라는 세 단계를 거치며 성화에 이르도록 했다.

첫 단계는 믿음(*te pistei*, the faith)이다. 믿음은 그리스도인에게 있어서 구원에 이르는 초석이자 신성한 성품에 참예하기 위한 출발점이다. 이 출발점은 우리 자신이 아니라 하나님이다. 믿음은 자기를 바라보는 것이 아니라 하나님을 믿고 정상을 향해 올라가는 것이다. 자기만 바라보면 바른 신앙생활을 할 수 없다. 믿음은 환경에 영향을 받지 않고 하나님을 신뢰하는 것이다. 어떤 환경에서든 하나님을 신뢰하라.

둘째 단계는 덕(*te arete*, the virtue)이다. 하나님이 믿음을 주셨으니 그 위에 덕을 더하라는 것이다. 덕은 신앙적으로 삶의 모범이 되는 아름다운 덕행을 말한다. 덕은 영적인 용기이자 도덕적 실천이다. 덕을 실행하는 자는 옥토와 같다. 마르지 않는 샘, 넘치는 힘을 하나님으로부터 공급을 받는다. 주님은 우리를 늘 의의 길로 인도하신다.

셋째 단계는 지식(*ten gnosin*, the knowledge)이다. 덕에 지식을 더한다. 이 지식은 하나님의 뜻을 아는 지혜, 주의 뜻에 입각한 분명한 통찰력과 판단력을 말한다. 지식에는 참된 지식과 거짓된 지식이 있다. 참된 지식은 정상에 더 가까이 나가게 하지만 거짓된 지식은 정상으로부터 멀어지게 한다. 우리의 편견과 아집을 버리고 하나님을 바로 아는 지식으로 무장한다. 참 지식은 하나님의 말씀을 통해 마음에 변화를 가져 온다.

"지식에 절제를, 절제에 인내를, 인내에 경건을(6절)."

'지식에 절제를 더하고, 절제에 인내를 더하고, 인내에 경건을 더하라.'

넷째 단계는 절제(*te enkrateia*, self-control)이다. 신의 성품에 참예하는 자는 자신을 절제한다. 유행이나 허영심, 체면을 포기하고 영적인 삶에 꼭 필요한 것을 선택한다. 절제는 바르게 선택하게 하며, 진정한 자유에 도달하게 만든다. 절제는 이방인들의 교만에 반대되는 것으로, 바울은 절제를 성령의 열매로 보았다(갈 5:22-23).

다섯째 단계는 인내(*te hypomone*, endurance)이다. 여기서는 환난 가운데서도 믿음을 지켜 나갈 수 있는 능력을 말한다. 억지로 하는 인내가 아니라 자발적으로 하는 인내이다. 인내는 신념 속에서 참된 희망을 확고히 갖고 아무리 외롭고 답답해도 지구력을 갖고 인내하며 그 뜻이 이뤄지기 바라며 노력하는 것을 말한다. 하나님의 뜻을 실현하는 데는 인내가 필요하다. 인내는 하나님이 친히 기대하시는 현실을 그대로 받아들이는 것이다. 화를 내게 하는 환경 속에서도 주님을 생각하며 참는다. 화를 내기 전에 먼저 자신이 하나님의 사람임을 기억하라. "지금 참지 않으면 언제 폭발하지 몰라" 하는 식이 아니다.

중국 선교의 아버지 허드슨 테일러 이야기다. 뱃사공에게 돈을 주고 강을 건너려는데 아주 거만하게 생긴 중국인이 자기가 먼저 가겠다고 한다. 다른 사람에 대해선 안중에 없었다. 화가 나는 일이었다. 그를 밀어 강물에 빠뜨리고 싶은 충동이 일었다. 하지만 주님을 생각하며 꾹 참았다. 그리고 허드슨은 그 중국인을 향해 말했다. "예수님이 당신을 강물에 빠뜨리는 것을 막으셨다. 배는 내가 먼저 약속했으나 내가 당신을 내 배의 손님으로 초대하겠다." 그리곤 정중히 그를 배 안으로 안내했다. 중국인은 미안해하며 함께 배를 타고 건

넜다.

여섯째 단계는 경건(*te eusebeia*, godliness)이다. 경건은 하나님과 인간 사이의 관계를 나타내는 말로, 하나님께 헌신하는 자세이다. 매일 매일 삶을 통해 하나님 앞에 서는 것이다. 성도들이 이 세상에서 살 때도 하나님 앞에서의 삶이라는 것을 분명히 깨닫고 행동한다. 경건은 하나님을 찬양하며 그분을 즐기는 삶이다.

"경건에 형제 우애를, 형제 우애에 사랑을 더하라(7절)."

'경건에 성도 간의 우애를 더하고, 성도 간의 우애에 사랑을 더하도록 하라.'

일곱째 단계는 형제우애(*te philadelphia*, brotherly affection)이다. 형제우애는 성도들의 교제를 특징짓는 덕목으로, 주 안에서 형제자매를 신실하게 사랑하는 것을 말한다. 성도들끼리 우애를 하면 자기만 알던 사람도 이웃이 보이고, 돕게 된다.

여덟째 단계는 사랑(*te agape*, love)이다. 여기서는 다른 사람을 위해 희생한다는 뜻이 내포되어 있다. 여기서 사랑은 불신자를 포함한 모든 인간관계를 포함한다. 하나님이 우리에게 베푸신 아가페 사랑을 그들을 향해 펴는 것이다. 사랑은 모든 덕목의 궁극에 속한다.

사랑은 신의 성품에 참예하는 자가 정상에 이른 단계이다. 하나님의 성품인 사랑의 정상에서 보면 시야가 탁 트이고 넓게 보게 된다. 자아중심에서 벗어나게 하고, 혈육을 벗어나게 하며, 황폐해져 가는 세상을 보며 사회적 책임을 느끼게 된다. 아울러 사랑의 직감을 발달시켜 가며 세상에서 빛으로 드러나게 된다.

이 모든 여덟 가지 덕목은 부르심을 받은 성도들이 바른 신앙생활을 위해 갖춰야 할 덕목들이다. 신성한 성품에 참예하는 자가 마땅히 갖춰야 할 것들이다. 이 세대에는 어둠을 밝히는 많은 빛들이 필요하다. 당신은 지금 무슨 정상을 향해 올라가고 있는가?

4. 열매 맺기, 부르심과 택하심 굳게 하기(8-11절): 그리하면 영원한 나라에 넉넉히 들어가리라

8. 이런 것이 너희에게 있어 흡족한즉 너희로 우리 주 예수 그리스도를 알기에 게으르지 않고 열매 없는 자가 되지 않게 하려니와
9. 이런 것이 없는 자는 맹인이라 멀리 보지 못하고 그의 옛 죄가 깨끗하게 된 것을 잊었느니라
10. 그러므로 형제들아 더욱 힘써 너희 부르심과 택하심을 굳게 하라 너희가 이것을 행한즉 언제든지 실족하지 아니하리라
11. 이같이 하면 우리 주 곧 구주 예수 그리스도의 영원한 나라에 들어감을 넉넉히 너희에게 주시리라

"이런 것이 너희에게 있어 흡족한즉 너희로 우리 주 예수 그리스도를 알기에 게으르지 않고 열매 없는 자가 되지 않게 하려니와(8절)."

'이런 것들이 성도 여러분에게 갖추어지고, 또 넉넉해지면 여러분은 우리 주 예수 그리스도를 아는 일(*epignosin*, knowledge)에 게으르거나(argous, idle) 열매를 맺지 못하는(*akarpous*, unfruitful) 사람이 되지 않을 것이다.' 이런 품성들을 넉넉히 갖춘다면 성도 여러분은 우리 주 예수 그리스도를 아는 지식이 더욱 풍부해질 것이다.

'이런 것(*tauta*, these things)' 은 5-7절의 여덟 가지 요소를 가리킨다. 이것은 성화를 향한 그리스도인의 삶의 열매이기도 하다. 하나님께서 믿음을 주

셨으니 이제 우리 각자가 이 믿음 위에 덕, 지식, 절제, 인내, 경건, 형제우애, 사랑의 열매를 충분히 더하라는 것이다. 그러면 그리스도를 더 깊이 알게 되고, 결코 열매 없는 자가 되지 않을 것이라는 말이다.

> "이런 것이 없는 자는 맹인이라 멀리 보지 못하고 그의 옛 죄가 깨끗하게 된 것을 잊었느니라(9절)."

'그러나 이런 것을 갖추지 못한 사람은 앞 못 보는 소경이며 자기의 옛 죄가 깨끗해진 것을 잊어버린 사람이다.' 이런 것들을 갖추지 못한 사람은 근시안이거나 앞을 못 보는 사람이다. 이런 사람은 자기의 옛 죄가 깨끗하여졌음을 잊어버린 사람이다.

'이런 것이 없는 자는 맹인(*typhlos*, blind)이라 멀리 보지 못하고.' 그리스도인으로서 삶의 열매 없는 자는 맹인과 같아서 멀리 보지 못한다(*myopazon*, short-sighted, see dimly). 이것은 육체적 맹인을 뜻한다기보다 영적인 안목이 어두워진 것을 가리킨다.

'그의 옛 죄(*ton palai hamartion*, the former sins)가 깨끗하게 된 것(*tou katharismou*, the purification)을 잊었느니라.' 그리스도를 처음 믿었을 때 받았던 사죄의 은총을 망각하게 되었음을 의미한다. 삶의 열매들을 믿음 위에 충분히 더하지 않는 것은 죄를 깨끗하게 하신 그리스도의 구속 사역을 경시하는 것이 된다. 믿음이 있다고 하면서 행함이 없는 사람은 그 믿음이 진정한 구원의 믿음이 아니었음을 스스로 보여준다.

> "그러므로 형제들아 더욱 힘써 너희 부르심과 택하심을 굳게 하라 너희가 이것을 행한즉 언제든지 실족하지 아니하리라(10절)."

'그러므로 형제자매 여러분, 더욱 더 힘을 써, 성도 여러분이 하나님의 부르심을 받은 것과 택하심을 받은 것을 굳게 하라. 그러면 여러분은 넘어지지 않을 것이다.' 하나님이 성도 여러분을 불러 주시고 선택해 주셨다는 데 대해 확실한 경험을 갖게 되면 결코 넘어지지 않을 것이라는 말씀이다.

'그러므로 형제들아 더욱 힘써(*spoudasate*, be diligent) 너희 부르심(*klesin*, calling)과 택하심(*eklogen*, election)을 굳게(*bebaian*, sure) 하라.' 바울과 베드로는 인간에 대한 하나님의 주권을 나타낼 때 '부르심,' 곧 소명이라는 말을 사용했다. 여기서 베드로는 모든 성도가 하나님의 택함 받은 자임을 상기시키면서 택함 받은 자에 합당하게 행동하는 것이 하나님 나라에 들어가는 요건임을 가르치고 있다. 하나님의 선택과 부르심에 합당한 거룩한 삶을 산 제물로 바쳐야 한다는 것이다.

그 행동의 표본이 바로 5-7절에 열거된 특성들이다. 그것을 삶에 나타냄으로써 하나님께서 그들을 선택하시고 부르셨다는 것을 확신하게 된다. 다시 말해 그들의 신앙 고백이 그들의 행위, 곧 진실한 열매로 드러나게 된다. 이것은 이 모든 거룩한 행위의 기원이 자신에게 있지 않고 하나님께 있기 때문이다. 이것이 바로 부르심과 택하심을 굳게 하는 것이다.

> "이같이 하면 우리 주 곧 구주 예수 그리스도의 영원한 나라에 들어감을 넉넉히 너희에게 주시리라(11절)."

'이와 같이 하면 여러분은 우리 주 예수 그리스도의 영원한 나라(*ten aionion basileian*, the eternal kingdom)에 넉넉히 들어가게 될 것이다.' 앞서 언급한 이런 것들을 하게 되면 성도들은 우리의 주님이시며 구주이신 예수 그리스도의 영원한 나라, 곧 우리가 사모하는 하나님의 나라에 들어갈 자격을 충분히 갖추게 된다. 하나님의 나라는 주님이 통치하시는 나라요 영원한 나라이다. 우리는 그의 백성이요 그분의 자녀들이다.

5. 교훈 반복의 이유(12-14절): 내가 떠난 후에라도 생각나게 하려 하노라

---

12. 그러므로 너희가 이것을 알고 이미 있는 진리에 서 있으나 내가 항상 너희에게 생각나게 하려 하노라
13. 내가 이 장막에 있을 동안에 너희를 일깨워 생각나게 함이 옳은 줄로 여기노니
14. 이는 우리 주 예수 그리스도께서 내게 지시하신 것 같이 나도 나의 장막을 벗어날 것이 임박한 줄을 앎이라
15. 내가 힘써 너희로 하여금 내가 떠난 후에라도 어느 때나 이런 것을 생각나게 하려 하노라

12-15절은 베드로가 왜 이 베드로후서를 쓰게 되었는가를 보여주는 대목이다. 성도들이 핍박을 당하는 지금뿐 아니라 베드로가 죽은 이후에도 계속 진리에 서도록 하기 위함이다.

> "그러므로 너희가 이것을 알고 이미 있는 진리에 서 있으나 내가 항상 너희에게 생각나게 하려 하노라(12절)."

'여러분이 이런 일을 잘 알고 있고 또 여러분이 받은 진리에 굳게 서 있다. 하지만 나는 언제나 여러분에게 이 일을 일깨워 주려고 한다.' 소아시아 교회 성도 여러분이 이런 것들을 알고 있고, 또 받은 진리에 굳게 서 있다고 믿는다. 하지만 베드로 자신은 언제나 이런 것들을 두고서 성도 여러분을 일깨우고자 한다는 것이다.

'그러므로 너희가 이것을 알고 이미 있는 진리(*aletheia*, truth)에 서 있으나.' 당시 소아시아 교인들은 핍박이 너무 심해 구원받은 사실마저 의심하려는 사람들이 많았다. 그래서 베드로는 그들이 진리 안에서 구원 받았음을 다

시금 일깨워주고 있다. 이 시대를 사는 성도들도 구원의 확신뿐 아니라 하나님의 약속의 말씀을 굳게 믿고 하나님이 기뻐하시는 삶을 살아야 한다.

'내가 항상 너희에게 생각나게 하려 하노라.' 베드로는 여기서 삶의 열매를 강조하고, 여러 가지 덕을 교훈하는 이유를 밝히고 있다. 항상(*aei*, always) 진리를 생각나게(*hypomimneskein*, remind) 하기 위함이다.

> "내가 이 장막에 있을 동안에 너희를 일깨워 생각나게 함이 옳은 줄로 여기노니(13절)."

'나는 이 육신의 장막에 사는 동안 여러분의 기억을 일깨워서 분발하게 하는 것이 옳다고 생각한다.' 우리가 이 육체의 천막 속에 사는 동안 이런 것을 늘 일깨워 주는 것이 옳다고 생각한다는 것이다.

'내가 이 장막에 있을 동안에.' '내가 살아있는 동안에' 라는 뜻이다. 장막(*skenoma*, tent)은 문자적으로는 유목민이 임시로 거주했던 '텐트,' '천막'을 뜻한다. 여기서는 영원한 영혼의 거처인 하늘나라(요 14:2)와 대비시켜 세상 삶의 임시 거주지인 인간의 육체, 곧 삶을 가리킨다. 우리의 육체를 장막에 비유한 이유는, 육체는 이 세상에서 사용하는 것이기 때문이다. 장막을 떠난다는 것은 죽음을 뜻한다.

> "이는 우리 주 예수 그리스도께서 내게 지시하신 것 같이 나도 나의 장막을 벗어날 것이 임박한 줄을 앎이라(14절)."

'그것은 우리 주 예수 그리스도께서 나에게 보여주신 대로, 내가 육신의 장막을 벗을 때가 멀지 않음을 알고 있기 때문이다.' 그것은 예수 그리스도께서 나에게 분명히 보여 주신 대로 내가 이 육체의 천막을 벗어 버릴 날이 가까 왔음을 알고 있기 때문이다.

'이는 우리 주 예수 그리스도께서 내게 지시하신 것 같이.' 이 구절은 베드로는 자신의 죽음을 예수님이 미리 가르쳐주셨음을 밝히고 있다. 그는 요한복음 21:18-19의 말씀과 그 뒤에 따르는 내용을 회상하면서 이 글을 썼을 것으로 보인다. 이 말씀은 예수님이 마지막으로 베드로에게 주신 것으로, 베드로의 종말에 대한 예언을 사명과 함께 주신 것이다.

'나도 나의 장막을 벗어날 것(*he apothesis*, the putting off)이 임박한 줄을(*tachine*, impending) 앎이라.' 베드로는 자신의 죽음이 곧 다가왔음을 느끼고 있다. 네로 황제에 의한 핍박의 강도가 점점 높아지고 있다. 그는 자신에 대한 위험이 가까워오고 있음을 실감하고 있다. 하지만 그는 자신의 육체적인 안위보다 남아있는 성도들을 위한 마음이 더 크다. 성도들이 더 든든히 믿음 가운데 서 있어야 하기 때문이다.

> "내가 힘써 너희로 하여금 내가 떠난 후에라도 어느 때나 이런 것을 생각나게 하려 하노라(15절)."

'그래서 내가 이 세상을 떠난 뒤에라도 언제든지 여러분이 이런 일들을 기억할 수 있게 하려고 힘을 쓰고 있다.' 베드로 자신이 세상을 떠난 뒤에라도 성도들이 결코 이 일을 잊지 않도록 열심히 일깨워 주고자 한다는 것이다.

'내가 힘써 너희로 하여금 내가 떠난 후에라도.' '나의 떠난 후에라도' 는 문자적으로 '나의 출애굽(*emen exodon*, my departure, my exodus)' 이다. 떠남은 사실상 임종을 나타내지만 그가 말한 '나의 출애굽' 이 가지는 의미는 사뭇 다르다. 우리는 그가 다가오는 죽음을 앞에 두고 이런 말을 했다는 사실을 상기할 필요가 있다. 이에 대해 주석가 바클레이(W. Barclay)는 '베드로는 자신의 죽음을 보며 그것을 종말이 아니라 약속의 땅으로 나아가는 출애굽 여행으로 보고 있다' 고 하였다.

'어느 때나 이런 것을 생각나게 하려 하노라.' 베드로는 자신이 살아있는 동안 반복해서 교훈함으로써 자기가 죽은 이후라도 성도들이 실족하지 않기를 바라고 있다. 성도들을 향한 노사도의 절절한 심정이 담겨 있다.

6. 사실을 전하다(16–18절): 우리는 그의 크신 위엄을 친히 본 자라

---

16. 우리 주 예수 그리스도의 능력과 강림하심을 너희에게 알게 한 것이 교묘히 만든 이야기를 따른 것이
    아니요 우리는 그의 크신 위엄을 친히 본 자라
17. 지극히 큰 영광 중에서 이러한 소리가 그에게 나기를 이는 내 사랑하는 아들이요 내 기뻐하는 자라 하실 때에 그가 하나님 아버지께 존귀와 영광을 받으셨느니라
18. 이 소리는 우리가 그와 함께 거룩한 산에 있을 때에 하늘로부터 난 것을 들은 것이라

16-18절에서 베드로는 우리의 믿음이 역사적인 사실에 근거하고 있음을 밝히고 있다.

> "우리 주 예수 그리스도의 능력과 강림하심을 너희에게 알게 한 것이 교묘히 만든 이야기를 따른 것이 아니요 우리는 그의 크신 위엄을 친히 본 자라(16절)."

'우리가 여러분에게 우리 주 예수 그리스도의 권능과 재림을 알려 드린 것은 교묘하게 꾸민 신화를 따라서 한 것이 아니다. 우리는 그의 위엄을 눈으로 본 사람들이다.' 예수 그리스도의 능력과 다시 오심을 여러분에게 말할 때 그

것은 우리가 꾸며낸 이야기가 아니다. 우리는 그분의 위엄 있는 모습을 똑똑히 목격한 사람들이다.

'우리 주 예수 그리스도의 능력과 강림하심을 너희에게 알게 한 것이.' 베드로가 사도로서 선포한 복음은 그리스도의 능력과 강림하심으로 집약된다. 능력(*dynamin*, power)은 부활하시고 승천하신 능력을 뜻하고, 강림하심(*parousian*, coming)은 주의 재림을 뜻한다. 재림은 구원사역이 완성되는 부분이다. 핍박당하는 성도들이 핍박을 견디어 낼 수 있는 가장 큰 위로는 바로 주의 재림에 있었다. 그들은 서로 '마라나타,' 곧 '주께서 임하시느니라' 하면서 핍박을 이겨냈다.

'교묘히 만든 이야기를 따른 것이 아니요 우리는 그의 크신 위엄을 친히 본 자라.' 이 구절은 그가 증거 한 복음이 신화(*mythois*, fables)처럼 솜씨 좋게 꾸며낸 이야기(cleverly invented stories)가 아니라 그리스도의 위엄(*megaleiotetos*, majesty)을 직접 목격한 것에 근거한 것임을 밝히고 있다. 당시 많은 거짓 선지자들이 나타나 부활과 재림에 대하여 잘못된 교리를 가르치고 있었다(벧후 3:4). 이단자들은 그리스도의 재림을 일종의 신화로 간주하기도 했다. 그래서 베드로는 부활과 승천, 이 두 사건을 직접 본 증인으로서 확연한 역사적 사실임을 증명하고 있다. '우리'는 베드로 자신뿐 아니라 다른 사도들도 같이 주의 부활과 승천을 목격한 자들(*epoptai*, witnesses)임을 보여준다. 베드로 외에서 수백 명이 부활하신 주의 모습을 보았다(고전 15:3-8).

> "지극히 큰 영광 중에서 이러한 소리가 그에게 나기를 이는 내 사랑하는 아들이요 내 기뻐하는 자라 하실 때에 그가 하나님 아버지께 존귀와 영광을 받으셨느니라(17절)."

'장엄한 영광 가운데서 이 사람은 내가 사랑하는(*agapetos*, beloved) 아들이요 내가 기뻐하는(*eudokesa*, well-pleased) 자라는 음성이 들릴 때 예수님은 하나님 아버지께로부터 존귀(*timen*, honor)와 영광(*doxan*, glory)을 받으셨다.' 더없이 영광스러운 하나님 아버지께서 예수님에게 "이는 내 사랑하는 아들이요, 내가 좋아하는 아들이다."라 말씀하셨고, 그 때에 예수님은 하나님 아버지께로부터 존귀와 영광을 받았다는 것이다. 베드로는 변화(the transfiguration) 산에서 있었던 일에 대해 증언하고 있다. 그가 주님의 놀라운 영광을 직접 목격한 곳이 바로 변화 산이었기 때문이다.

> "이 소리는 우리가 그와 함께 거룩한 산에 있을 때에 하늘로부터 난 것을 들은 것이라(18절)."

'우리도 거룩한 산에서 그분과 함께 있을 때 하늘에서 들려온 그 소리를 들었다.' 변화 산에서 그분과 함께 있던 우리가 하늘로부터(*ex ouranou*, from heaven) 들려오는 그 소리(*ten phonen*, the voice)를 직접 들었다는 것이다.

'거룩한 산(*to hagio orei*, the holy mountain)'은 변화 산을 가리킨다. 베드로는 그리스도의 위엄을 목격한 변화산 위에서의 사건을 언급하고 있다(마 17:1-8, 막 9:2-9, 눅 9:28-36). 이 산을 '거룩하다' 한 것은 거룩하신 하나님께서 그곳에 임재 하셨기 때문이다. 그 산의 위치가 어디인지 밝혀지지 않고 있어서 보통 변화 산이라 한다. 그렇게 부르는 이유는 예수님이 이 산에서 변형되셨기 때문이다. 하지만 이 산의 위치를 놓고 크게 두 가지 의견이 제시되고 있다. 하나는 이 산의 위치가 다볼 산(Mount Tabor)이라는 주장이다. 다볼 산은 '높은 산'이라는 뜻을 가지고 있다. 다른 하나는 헤르몬 산(Mount Hermon)이라는 주장이다. 헤르몬 산은 '거룩한 산'이라는 뜻을 가지고 있다. 이 산의 남쪽 구릉, 곧 가이사랴 빌립보 근처에 있는 헤르몬 산이라는 것이다. 후자의 견해가 일반적이다.

7. 더 확실한 예언의 말씀(19–21절): 성경의 모든 예언은 사사로이 풀 것이 아니다

---

19. 또 우리에게는 더 확실한 예언이 있어 어두운 데를 비추는 등불과 같으니 날이 새어 샛별이 너희 마음에 떠오르기까지 너희가 이것을 주의하는 것이 옳으니라
20. 먼저 알 것은 성경의 모든 예언은 사사로이 풀 것이 아니니
21. 예언은 언제든지 사람의 뜻으로 낸 것이 아니요 오직 성령의 감동하심을 받은 사람들이 하나님께 받아 말한 것임이라

19-21절에서 베드로는 우리의 믿음이 성경의 증언에 기초하고 있음을 밝히고, 성경의 권위에 대해 기록하고 있다.

> "또 우리에게는 더 확실한 예언이 있어 어두운 데를 비추는 등불과 같으니 날이 새어 샛별이 너희 마음에 떠오르기까지 너희가 이것을 주의하는 것이 옳으니라(19절)."

'그리고 우리에게는 보다 확실한 예언의 말씀이 있다. 날이 새어 샛별이 여러분의 마음에 떠오를 때까지 여러분은 어두움을 밝혀 주는 등불과 같은 그 말씀에 귀를 기울이는 것이 좋다.' 또 우리에게는 더욱 확실한 예언의 말씀인 성경이 있다. 성도 여러분은 주님이 오실 때까지 어둠 속에서 비치는 등불을 대하듯 이 예언의 말씀에 주의를 기울여야 한다.

'우리에게는 더 확실한 예언이 있어.' 더 확실한 예언(*ton propheikon logon*, the prophetic word)은 성경을 말한다. 특히 그리스도에 관해 예언했던 구약의 말씀을 가리킨다.

'어두운 데를 비추는 등불과 같으니.' '어두운 데를 비추는 등불(*phainonti*

lychno, shining lamp)' 은 성경을 가리킨다. 어두운 데는 성경이 없는 세계, 곧 하나님의 말씀이 없는 세계를 가리킨다. 이 말씀이 어둠을 밝히게 된다는 것이다. 따라서 우리가 이 예언을 경시하거나 무시해서는 안 된다는 것을 보여준다. 성경은 죄악에 가득한 어두운 세상 속에서 우리를 밝은 세계로 인도해주고, 그 말씀을 믿는 자로 하여금 현실에서의 생활을 변화시키는 위대한 능력을 가져온다. 우리의 등불인 성경이 없다면 우리는 오늘도 죄 가운데 헤맬 수밖에 없다.

'날이 새어 샛별이 너희 마음에 떠오르기까지 너희가 이것을 주의하는 것이 옳으니라.' '날(*hou hemera*, this day)' 은 그리스도의 재림의 날을 가리킨다. '날이 새어 샛별이' 는 재림의 날이 되어 샛별(*phosphoros*, the morning star), 곧 그리스도께서 다시 이 세상에 오실 때를 뜻한다. 이것은 그리스도의 재림이 성도의 마음에 기쁨과 생명을 가져다 줄 것을 예고하고 있다. 그 때에는 세상의 어두움이 사라지고 새 하늘과 새 땅만 있게 된다. 그 순간까지 하나님의 말씀에 주의하는(*prosechontes*, taking heed) 것이 옳다. 그 말씀에 집중해야 한다는 것이다.

"먼저 알 것은 성경의 모든 예언은 사사로이 풀 것이 아니니(20절)."

'성도 여러분이 무엇보다도 먼저 알아야 할 것은 아무도 성경의 모든 예언을 제멋대로 해석해서는 안 된다는 것이다.' 성경의 예언을 자기 멋대로 해석해서는 안 된다는 것으로, 사사로운 해석(*idias epilyseos*, its own interpretation)을 금한다는 말씀이다. 성도는 주님이 다시 오실 때까지 성경을 읽고 묵상해야 한다. 하지만 무엇보다 중요한 것은 모든 예언을 사사로이 풀고 자기 마음대로 해석해서는 안 된다. 이 구절은 성경해석에 대한 핵심 구절이다. 모든 성경은 성령의 감동으로 기록되었으므로(21절, 딤후 3:16), 성경에 대한 해석 역시 성령의 조명에 의해 되어져야 한다는 것을 강조하고 있다.

> "예언은 언제든지 사람의 뜻으로 낸 것이 아니요 오직 성령의 감동하심을 받은 사람들이 하나님께 받아 말한 것임이라(21절)."

'예언은 결코 사람의 뜻(*thelemati anthropou*, the will of man)에서 나온 것이 아니라 성령님(*Hagiou Pneumatos*, the Holy Spirit)의 감동을 받은 사람들이 하나님께로부터 오는 말씀을 받아서 한 것이기 때문이다.' 이 말씀은 왜 성경의 모든 예언을 사사로이 풀어서는 안 되는가를 설명하고 있다. 성경의 말씀은 사람이 자기 마음대로 쓴 것이 아니라 성령에 이끌려서 하나님께로부터 오는 말씀을 받아서 쓴 것이기 때문이다.

성경은 예언이라는 초월적 계시에 근거한 하나님의 말씀이다. 성경은 성령의 감동에 의한 것이므로, 그 해석도 사람의 지식으로 할 것이 아니라 성령의 역사하심에 따라야 한다. 먼저 성령의 조명을 받고, 그 다음 성경의 다른 부부의 도움을 받아서 풀어야 한다. 감동하심은 문자적으로는 '--을 따라서 쫓겨가다' 는 뜻이다. 배가 광풍에 따라 밀려가는 상태를 가리킨다. 성령의 강한 역사로 성경이 쓰였음을 말해준다.

베드로후서 2장

1. 너희 중에 있을 거짓 선생들(1-3절): 거짓 선생들을 경계하라

---

1. 그러나 백성 가운데 또한 거짓 선지자들이 일어났었나니 이와 같이 너희 중에도 거짓 선생들이 있으리라 그들은 멸망하게 할 이단을 가만히 끌어들여 자기들을 사신 주를 부인하고 임박한 멸망을 스스로 취하는 자들이라
2. 여럿이 그들의 호색하는 것을 따르리니 이로 말미암아 진리의 도가 비방을 받을 것이요
3. 그들이 탐심으로써 지어낸 말을 가지고 너희로 이득을 삼으니 그들의 심판은 옛적부터 지체하지 아니하며 그들의 멸망은 잠들지 아니 하느니라

베드로후서 2장과 3장은 거짓 선지자들을 경계하도록 경고하는 말씀이 담겨 있다. 1-3절은 거짓 선지자들이 어떤 속성을 가지고 있는가를 잘 드러내고 있다.

> "그러나 백성 가운데 또한 거짓 선지자들이 일어났었나니 이와 같이 너희 중에도 거짓 선생들이 있으리라 그들은 멸망하게 할 이단을 가만히 끌어들여 자기들을 사신 주를 부인하고 임박한 멸망을 스스로 취하는 자들이라(1절)."

'전에 이스라엘 백성 가운데 거짓 예언자들이 일어난 것과 같이, 여러분

가운데도 거짓 교사들이 나타날 것이다. 그들은 파멸로 몰고 갈 이단을 몰래 끌어들여 자기들을 사신 주님을 모른다고 잡아떼며 임박한 멸망을 스스로 불러들이고 있다.' 거짓 교사들이 일어나 이단을 끌어들이고 주님을 부인하며 자기들이 받을 파멸을 재촉할 것이다.

'백성 가운데 또한 거짓 선지자들이 일어났었나니.' 베드로는 구약 시대에 '백성 가운데,' 곧 이스라엘 밖이 아닌 이스라엘 안에서 거짓 선지자들(*pseudoprophetai*, false prophets), 곧 거짓 예언자들이 일어났음을 말하고 있다. 신약성경에서도 이 거짓 선지자들에 대해 여러 곳에서 언급하고 있다(마 24:4, 5, 갈 1:6-9, 골 2:4, 8, 살후 2;1-3, 요일 2:18, 19).

'너희 중에도 거짓 선생들이 있으리라.' 거짓 선생들(*pseudodidaskaloi*, false teachers)이 있을 것임을 말하고 있다. 그들은 영지주의(靈知主義, Gnosticism) 자들이거나 그와 유사한 자들이었다. 그들은 자신의 지식, 곧 앎(*gnosis*)을 내세우며 그리스도의 참된 진리(1, 2절)와 그리스도의 재림을 부인하고(3, 4절), 하나님이 가르쳐주신 계명을 범한다(요일 3:4). 특히 성경을 왜곡 해석하여 전파하고(벧후 3:16) 이단 사상을 끌어들였다. 즉, 그들은 구원이 믿음을 통해 가능하다는 복음의 진리와는 달리 구원이 앎을 통해 가능하다고 주장했다. 영지주의 종교 운동이 가장 활발히 전개된 때는 기독교가 태동하던 기원후 1세기부터 3세기까지의 시기로, 기독교와 밀접한 연관을 가지고 전개되었다. 특히 정통파 기독교에서 세력을 얻지 못하고 좌절을 겪은 배교자들이 타락된 형태의 교리를 가지고 일반교인들을 유혹하였다.

'그들은 멸망하게 할 이단을 가만히 끌어들여.' 멸망하게 할(*apoleias*, destructive) 이단, 곧 파괴적인 이단을 몰래 끌어들인다. 이단(*haireseis*, heresies)은 문자적으로 '잘못된 의견' 이라는 뜻이다. 성도를 탈선의 길로 유혹하는 위험 요소들을 가지고 있다. '가만히 끌어들여(*pareisaxousin*, bring in secretly, stealthily introduce)' 는 원래 '밀수입하다,' '교활하게 몰래 가져오다' 는 뜻이다. 거짓 선생들이 성도들을 미혹하여 불의의 길을 걷게 하며 사리와 사욕을 채우는 일이 흔했기 때문에 베드로는 이 말을 사용하여 거짓 선생을 경계하도록 했다.

'사신 주를 부인하고.' 자기들을 값 주고 사신 주님(*despoten*, Master), 피를 흘리셔서 자기들을 구원해 주신 주님을 부인한다. 이것은 거짓 선생의 첫 번째 속성이다. 그리스도의 신성과 인성, 부활과 재림 등을 부인하는 것을 모두 포함하고 있다. 그들은 자기 자신들의 멸망을 재촉하는 자들이다.

> "여럿이 그들의 호색하는 것을 따르리니 이로 말미암아 진리의 도가 비방을 받을 것이요(2절)."

'많은 사람이 그들의 방탕한 길을 따를 것이며 그들 때문에 진리가 훼방을 받게 될 것이다.' 많은 사람이 그들을 본받아 방종하게 되고 그들 때문에 진리의 가르침이 오히려 비방을 받게 된다.

'여럿이 그들의 호색하는 것을 따르리니.' 많은 사람이 그들의 호색하는 것(*aselgeiais,* sensuality), 곧 부끄러운 길(shameful ways), 치명적인 길(pernicious ways)을 본 받는 것으로 결국 방탕하게 된다. 그 영향이 서서히 알아차리기 힘들게 진행되어 치명적이다.

'진리의 도가 비방을 받을 것이요.' 그로 인해 진리의 도(*he hodos tes aletheias*, the way of the truth)가 비방을 받는다. 비방(*blasphemos*, speak impiously)을 받는다는 것은 하나님의 말씀이 공개적으로 악담과 중상모략을 당한다(be maligned)는 뜻이다. 그들의 악행으로 인해 전도도 어려워진다.

> "그들이 탐심으로써 지어낸 말을 가지고 너희로 이득을 삼으니 그들의 심판은 옛적부터 지체하지 아니하며 그들의 멸망은 잠들지 아니하느니

라(3절).”

‘또 그들은 탐욕에 빠져 그럴 듯한 말로 여러분의 호주머니를 털어 갈 것이다. 하나님께서는 이미 오래 전에 그들에게 내리실 심판을 정해 놓으셨다. 파멸이 반드시 그들에게 닥치고 말 것이다.’ 그들은 욕심을 채우려고 거짓말로 여러분을 착취할 것이다. 하지만 그들은 반드시 하나님의 심판을 받아 멸망하고 말 것이다.

‘그들이 탐심으로써 지어낸 말을 가지고 너희로 이득을 삼으니.’ ‘탐심으로써 지어낸 말(*plastois logois*, fabricated words)’은 자기의 욕심을 채우기 위해 만들어놓은 그럴듯한 거짓말을 가리킨다. ‘너희로 이득을 삼으니.’ 착취하게 된다(*emporeusontai*, exploit)는 것이다. 거짓 선생들이 가르치는 목적은 참된 진리를 전하는 데 있지 않고 그들의 물질적인 탐욕을 채우는 데 있음을 보여준다.

‘그들의 심판은 옛적부터 지체하지 아니하며 그들의 멸망은 잠들지 아니하느니라.’ 하나님께서는 오래 전에 이미 그들을 단죄(*to krima*, the judgement)하셨으며 그들은 반드시 파멸(*he apoleia*, the destruction)을 당하고 말 것이다.

2. 범죄한 천사들, 노아와 그 일곱 식구, 소돔과 고모라의 예(4–8절): 본을 삼으셨다

---

4. 하나님이 범죄한 천사들을 용서하지 아니하시고 지옥에 던져 어두운 구덩이에 두어 심판 때까지 지키게 하셨으며
5. 옛 세상을 용서하지 아니하시고 오직 의를 전파하는 노아와 그 일곱 식구를 보존하시고 경건하지 아니한 자들의 세상에 홍수를 내리셨으며

6. 소돔과 고모라 성을 멸망하기로 정하여 재가 되게 하사 후세에 경건하지 아니할 자들에게 본을 삼으셨으며
7. 무법한 자들의 음란한 행실로 말미암아 고통당하는 의로운 롯을 건지셨으니
8. (이는 이 의인이 그들 중에 거하여 날마다 저 불법한 행실을 보고 들음으로 그 의로운 심령이 상함이라)

4-11절은 신약성경에서 가장 긴 문장으로 이어진 구절들 가운데 하나이다. 베드로는 여기에서 하나님의 심판을 타락한 천사와 노아 시대의 홍수와 소돔과 고모라의 예를 들어 말하고 있다. 이 부분은 하나님이 경건한 자는 보호하시되 불의한 자에게는 형벌을 내리신다는 것을 보여준다.

> "하나님이 범죄한 천사들을 용서하지 아니하시고 지옥에 던져 어두운 구덩이에 두어 심판 때까지 지키게 하셨으며(4절)."

'하나님은 범죄한 천사들을 용서하지 않으시고 깊은 지옥에 던져 심판 때까지 어두운 구덩이에 가두어 두셨다.' 하나님께서는 죄를 지은 천사들을 지옥에 던져서 사슬로 묶어 심판 때까지 어두움 속에 있게 하셨다.

'하나님이 범죄한 천사들을 용서하지 아니하시고.' '범죄한(*hamartesanton*, sinned) 천사들(*angelon*, angels)' 은 창세기 6:1-4에 언급된 하나님의 아들들을 가리키는 것으로 해석되고 있다. 천사들이라 할지라도 죄를 범한 경우 용서치 아니하신다는 것이다.

'지옥에 던져 어두운 구덩이에 두어 심판 때까지 지키게 하셨으며.' '지옥' 은 흔히 게헨나(Gehenna)나 하데스(Hades)라는 단어를 사용하는 데 이곳에서는 '타르타루스(Tartarus)' 라 기록하고 있다. 이 단어는 원래 어두운 흑암이라는 뜻이다. '어두운 구덩이(*zophou*, gloomy darkness)' 는 원래 '곡식을 넣어두는 저장소' 를 뜻한다. '가두어 두었다(*seirais*, in chains)' 는 문자

적으로 '사슬로 묶어 두었다' 이다. 결박해 두었다는 말이다. 경건한 자들을 보호하셨던 예와는 전혀 다르다.

> "옛 세상을 용서하지 아니하시고 오직 의를 전파하는 노아와 그 일곱 식구를 보존하시고 경건하지 아니한 자들의 세상에 홍수를 내리셨으며(5절)."

'하나님은 옛 세상을 용서하지 않으시고 경건치 않은 사람들을 홍수로 쓸어 버리셨으나 의의 전도자 노아(Noah)와 그의 일곱 식구를 구원하셨다.' 하나님은 옛 세상(*archaiou kosmou*, ancient world), 곧 옛날 사람들이 하나님을 배반하자 그들을 결코 아까워하지 않으시고(*ouk epheisato*, not spared) 경건하지 않은 그들의 세계(*asebon kosmo*, ungodly world)를 홍수로 덮으셨다. 그 때 하나님은 의(*dikaiosynes*, righteousness)의 전도자(*keryka*, a herald), 곧 정의를 부르짖던 노아와 그 가족 일곱 사람만 살려주셨다. 경건한 자와 그렇지 않은 자를 완전히 구별하시고 심판하신 것이다.

> "소돔과 고모라 성을 멸망하기로 정하여 재가 되게 하사 후세에 경건하지 아니할 자들에게 본을 삼으셨으며(6절)."

'그리고 죄악의 도시 소돔과 고모라 성을 잿더미가 되게 하셔서 훗날 경건치 않은 사람들에 대한 본보기로 삼으셨다.' 소돔(Sodom)과 고모라(Gomorrah) 두 도시를 단죄하여 잿더미로 만드셨다. 후세에 하나님을 배반할 경건치 못한 자들에게 보일 본보기로 삼으셨다.

'소돔과 고모라 성을 멸망하기로 정하여.' 소돔과 고모라 성은 어느 날 갑자기 심판을 받았다. 성의 죄악이 하늘을 찔렀기 때문이다.

'재가 되게 하사(*tephrosas*, reduced to ashes).' 소돔과 고모라는 불 심판

을 받았으며, 지금은 사해남부에 수장되었다. 그 도시들이 사해 밑바닥에 묻힌 것은 그러한 타락한 도시들이 다시는 이 땅에 존재해서는 안 된다는 하나님의 뜻을 담고 있다.

'후세에 경건치 아니할 자들에게 본(*hypodeigma*, an example)을 삼으셨으며.' 심판의 목적이 경건치 아니할 후세들에게 본이 되기 위한 것임을 알 수 있다.

> "무법한 자들의 음란한 행실로 말미암아 고통당하는 의로운 롯을 건지셨으니(7절)."

'그러나 무법한 자들의 방탕한 행동 때문에 괴로움을 겪던 의로운 사람 롯은 구하여 내셨다.' 하나님은 악한 자들의 방탕으로 큰 고통을 받던 의로운 롯을 구원해 내셨다.

'무법한 자의 음란한 행실을 인하여.' '무법한(*athesmon*, lawless)' 이란 자연과 양심을 거슬리는 음란한 행위를 말한다. 무법한 음란행위(*aselgeia anastrophes*, sensuality conduct)로는 혼전 성행위, 결혼 후 탈선, 변태적이고 도착적인 성행위, 동성연애 등이 포함된다. 소돔과 고모라 성 사람들은 이런 행위를 당연시하고 받아주었다. 남색(sodomy)이 동성애, 곧 남자끼리 나누는 성 행위란 동성애를 의미할 정도이다.

'고통당하는(*kataponoumenon*, distressed) 의로운 롯을 건지셨으니.' 롯(Lot)은 소돔의 행실을 보고 가슴아파했다. 8절은 그가 "날마다 저 불법한 행실을 보고 들음으로 그 의로운 심령을 상함이라" 하였다. 하나님은 이를 보고 가슴아파하는 의인 롯을 재앙에서 구원했다.

그는 불법이 난무하는 땅에서 하나님의 뜻에 따라 의롭게 살아가려는 의인이었다. 하지만 소극적인 의인이었다. 심령이 상하기는 했지만 그들을 구원시킬 만큼 적극적인 행동을 하지 못했기 때문이다. 그는 그들의 행동을 관용하고, 묵인하고, 침묵했다. 소돔성은 그로 인해 어떤 도움을 받지 못했다. 그는 소돔에서 의인 열 사람, 곧 하나님의 사람 열을 만드는데도 실패했다. 이것은 이 땅에서 전도가 왜 중요한가를 보여준다.

그는 심판에서 모든 것을 잃었고, 딸들과 함께 몸만 간신히 빠져나올 수 있었다. 그 모습은 그의 구원이 얼마나 부끄러운 구원인가를 보여준다.

이 땅의 그리스도인은 가슴만 아파하는 소극적인 의인이 되어서는 안 된다. 적극적인 의인이 되어야 한다. 지금 우리 주변을 돌아보자. 우리 주변도 소돔으로 변하고 있다. 현대를 살아가는 그리스도인은 자신을 거룩하게 만들고 이 사회를 적극적으로 변화시켜야 한다.

(1) 순간순간 거룩함으로 무장해야 한다. 우리의 몸은 그리스도의 지체이자 성령의 전이며 하나님의 것이다(고전 6:15, 19, 20). 피로 값 주어 사시고 '너는 내 것' 이라 하셨다. 음란한 자, 간음하는 자, 탐색하는 자, 남색 하는 자는 하나님 나라에 들어가지 못한다(고전 6:9, 10). 우리는 성령을 좇아 행해야 한다. 그리하면 음행과 더러운 것과 호색 등 육체의 욕심을 이루지 않는다(갈 5:16).

(2) 음란한 성문화를 부추기는 세력이 적극적으로 대응해야 한다. 전문지식, 공직, 시민운동, 매스컴, 인터넷, 저술 등을 통해 악을 대적하고 자정능력을 갖도록 해야 한다. 악에게 지지말고 선으로 악을 이겨야 한다(롬 12:21).

(3) 의인 열 사람 만들기에 최선을 다해야 한다. "내가 십 인을 인하여도 멸하지 아니하리라"(창 18:32). 소돔은 의인이 없어 망한 도시이다. 우리는 열심히 전도하여 죄 많은 세상을 구원하는데 동참해야 한다.

> "(이는 이 의인이 그들 중에 거하여 날마다 저 불법한 행실을 보고 들음으로 그 의로운 심령이 상함이라)(8절)."

'의인 롯은 그들 가운데서 살면서, 보고 듣는 그들의 불의한 행실 때문에 날마다 그의 의로운 영혼에 고통을 느끼고 있었다.' 그들의 악한 짓을 날마다 보고 들으면서 롯은 몹시 괴로워했다는 말씀이다.

3. 경건한 자와 불의한 자(9-11절): 경건한 자는 시험에서 건지신다

---

9. 주께서 경건한 자는 시험에서 건지실 줄 아시고 불의한 자는 형벌 아래에 두어 심판 날까지 지키시며
10. 특별히 육체를 따라 더러운 정욕 가운데서 행하며 주관하는 이를 멸시하는 자들에게는 형벌할 줄 아시느니라 이들은 당돌하고 자긍하며 떨지 않고 영광 있는 자들을 비방하거니와
11. 더 큰 힘과 능력을 가진 천사들도 주 앞에서 그들을 거슬러 비방하는 고발을 하지 아니하느니라

> "주께서 경건한 자는 시험에서 건지실 줄 아시고 불의한 자는 형벌 아래에 두어 심판 날까지 지키시며(9절)."

'주님은 경건한 사람을 시련에서 건져내시고, 불의한 사람을 벌하셔서, 심판 날까지 가두어두실 줄을 아신다.' 하나님은 경건한 사람을 시험에서 건져내시고, 악한 사람은 심판 날까지 계속 벌을 받게 하는 방법을 알고 계신다.

'주께서 경건한 자는 시험에서 건지실 줄 아시고.' 하나님은 경건한 자(*eusebeis*, the devout)를 닥친 시험(*peirasmou*, temptation)과 시련에서 건져 내신다. '아시고(*oiden*, know)' 는 '그런 줄 이미 아시고' 그를 구원하신다는 것이다.

'불의한 자는 형벌아래 두어 심판 날까지 지키시며.' 불의한 자(*adikous*,

the unrighteous)는 끝까지 형벌아래 두겠다는 것은 하나님의 경고이다. 이 구절은 범죄 할 당시에 받은 형벌은 심판의 시작일 뿐이며, 최종적이고 궁극적인 심판 날(*hemeran kriseos*, the day of judgment)은 장차 다가오리라는 것을 암시하고 있다.

불의한 자는 마지막 심판 때 주님께서 심판하신다. 그러나 범죄 함으로 사실상 여러 심판상황에 놓이게 된다. 음란행위를 하게 되면 인격이 파괴되고, 영적으로 죽는다. 가정이 파괴되고, 남에게 상처를 주며, 자신도 건강하지 못하게 될 뿐 아니라 사회, 국가에까지 피해를 준다.

> "특별히 육체를 따라 더러운 정욕 가운데서 행하며 주관하는 이를 멸시하는 자들에게는 형벌할 줄 아시느니라 이들은 당돌하고 자긍하며 떨지 않고 영광 있는 자들을 비방하거니와(10절)."

'특히 더러운 정욕에 빠져서 육체를 따라 사는 자들과, 권위를 멸시하는 자들을 그렇게 하실 것이다. 그들은 대담하고 거만해서, 겁도 없이 하늘에 있는 영광스러운 존재들을 모욕한다.' 특별히 육체의 정욕대로 살며 하나님의 권위를 멸시하는 사람에게는 더욱 큰 벌을 내리실 것이다. 그들은 대담하고 거만하여 두려움 없이 하늘의 존재들을 욕한다.

'특별히 육체를 따라 더러운 정욕 가운데서 행하며 주관하는 이를 멸시하는 자들에게는 형벌할 줄 아시느니라.' 베드로 당시 거짓 선생들은 다음과 같은 두 가지 중요한 이유로 인해 심판 당할 것이 확실하였다.

첫째, '특별히 육체를 따라 더러운 정욕 가운데서 행하며,' 즉 그들은 육체를 따라 더러운 정욕 가운데 지냈기 때문이다. 이는 소돔의 죄악처럼 동성애를 가리키는 것으로 보인다(창 19:5). 베드로는 최소한 이와 유사한 성적인 범죄를 염두에 두고 이 말을 했을 가능성이 높다. 이것은 거짓 선생들의 생활이 하나님 중심이 아니라 인간적이며 세속적임을 보여준다. 둘째, '주관하는 이(*kyriotetos*, authority)를 멸시하는 자들,' 곧 이 세상을 통치하고 주관하시는 하나님을 멸시하였기 때문이다. 그들에게는 하나님의 특별한 심판의 형벌이 내려진다.

'이들은 당돌하고 자긍하며 떨지 않고 영광 있는 자들을 비방하거니와.' '당돌하고(*tolmetai*, bold) 자긍하며(*authadeis*, self-willed) 떨지 않고(*ou tremousin*, not tremble)' 는 거짓 선생들이 편견에 사로 잡혀 진리의 말씀에 귀를 기울이지 않으려는 태도를 가리킨다. '영광 있는 자들(*doxas*, glorious ones)' 은 하늘의 존재들, 곧 하늘에 있는 영광스러운 존재들을 가리킨다. 공동번역 성경에서는 '영광스러운 천사들' 로 번역했다. 그 존재들에 대해 거침없이 비방(*blasphemountes*, blaspheming), 곧 욕설을 퍼부었다는 것이다. 모독한 것이다.

> "더 큰 힘과 능력을 가진 천사들도 주 앞에서 그들을 거슬러 비방하는 고발을 하지 아니하느니라(11절)."

'천사들은 그들보다 더 큰 힘과 능력을 가지고 있으면서도, 주님 앞에서 그들을 비방하는 고발을 하지 않는다.' 그들보다 더 큰 힘(*ischui*, strength)과 능력(*dynamei,* power)을 가진 천사들도 주님 앞에서 그들을 헐뜯어 고소하지는 않는다. 천사들은 거짓 선생들보다 큰 힘과 권능을 가지고 있다. 그러나 그들의 비행을 하나님 앞에 송사하지는 않는다(유 1:9). 이에 비추어 볼 때 거짓 선생은 참으로 사악하다는 말이다.

4. 거짓 선생의 특징(12-14절): 저주의 자식

12. 그러나 이 사람들은 본래 잡혀 죽기 위하여 난 이성 없는 짐승 같아서 그 알지 못하는 것을 비방하고 그들의 멸망 가운데서 멸망을 당하며
13. 불의의 값으로 불의를 당하며 낮에 즐기고 노는 것을 기쁘게 여기는 자들이니 점과 흠이라 너희와 함께 연회할 때에 그들의 속임수로 즐기고 놀며
14. 음심이 가득한 눈을 가지고 범죄 하기를 그치지 아니하고 굳세지 못한 영혼들을 유혹하며 탐욕에 연단된 마음을 가진 자들이니 저주의 자식이라

> "그러나 이 사람들은 본래 잡혀 죽기 위하여 난 이성 없는 짐승 같아서 그 알지 못하는 것을 비방하고 그들의 멸망 가운데서 멸망을 당하며(12절)."

'그들은 본래 잡혀 죽기 위해 태어난 이성 없는 짐승(*aloga zoa*, irrational animals) 같아서 알지도 못하는 것을 욕한다. 그들도 짐승처럼 멸망하고 말 것이다.' 거짓 선생들은 마치 잡혀서 죽을, 곧 잡힘(*halosin*, capture)과 멸망(*phthoran*, destruction)의 목적으로 태어나 지각없이 본능적으로 행동하는 짐승들과 같아서 알지도 못하는 일들을 놓고 비방한다. 하지만 그들은 짐승들이 잡혀 죽는 것처럼 멸망을 당할 것이다.

'그러나 이 사람들은 본래 잡혀 죽기 위하여 난 이성 없는 짐승 같아서.' 예수 그리스도의 보혈로 깨끗하게 된 성도들의 마음을 더럽히는 거짓 선생들은 마치 이성이 없는 짐승과 같다. '이성 없는 짐승 같아서' 는 이성의 인도를 받지 않고 짐승처럼 본능적 충동에 의해 행동한다는 뜻이다.

'그 알지 못하는 것(*hois agnoousin*, what no knowledge of) 을 비방하고 그들의 멸망 가운데서 멸망을 당하며.' 육욕을 따라 더러운 정욕가운데 살며 진리를 알지 못한 채 비방을 일삼는다. 그러다 결국 멸망을 당한다. 모르고 날

뛰는 불쌍한 존재라는 것이다.

> "불의의 값으로 불의를 당하며 낮에 즐기고 노는 것을 기쁘게 여기는 자들이니 점과 흠이라 너희와 함께 연회할 때에 그들의 속임수로 즐기고 놀며(13절)."

'그들은 자기들이 저지른 불의의 값으로 결국 해를 당하게 된다. 그들은 대낮에 흥청대면서 먹고 마시는 것을 낙으로 생각한다. 그들은 티와 흠투성이 인간들이다. 그들은 여러분과 연회를 즐길 때에도, 자기들의 속임수를 꾀하고 있다.' 그들은 대낮에 흥청대는 것을 낙으로 여기며 여러분과 함께 앉은 잔치 자리에서까지 속이고 쾌락을 즐기는 더러운 사람들이다. 결국 그들은 악한 짓을 한 그 대가를 받을 것이다.

'불의의 값으로 불의를 당하며 낮에 즐기고 노는 것을 기쁘게 여기는 자들이니.' '불의의 값으로 불의를 당하며.' 불의를 행함으로 말미암아 그 보응으로 불의를 당하게 된다는 뜻이다. 사람이 무엇을 심든지 그대로 거두는 법이다(고전 6:7). '낮에 즐기고 노는 것'은 밤은 물론이고 낮 동안에도 먹고 마시며 쾌락을 즐겼다는 뜻이다. 낮은 일할 시간이지만 거짓 선생들은 쾌락을 즐기며 방탕한 생활로 시간을 보낸다. 이 구절은 이 편지의 수신자인 성도들 가운데 거짓 선생의 꼬임으로 인해 그들과 함께 어울리고 있음을 암시하고 있다.

'점(*spiloi*, blots)과 흠(*momoi*, blemishes)이라 너희와 함께 연회할 때에 그들의 속임수로 즐기고 놀며.' 그들은 점과 흠이 많은 사람들이다. 그들은 성도들과 연회를 할 때도 속임수를 쓰며 놀 정도로 악하다.

> "음심이 가득한 눈을 가지고 범죄 하기를 그치지 아니하고 굳세지 못한 영혼들을 유혹하며 탐욕에 연단된 마음을 가진 자들이니 저주의 자식이라(14절)."

'그들의 눈에는 간음할 상대자들밖에 보이지 않는다. 그들은 죄를 짓기를 그치지 않는다. 그들은 들뜬 영혼들을 유혹하며 그들의 마음은 탐욕을 채우는 데에 익숙하다. 그들은 저주받은 자식들이다.' 그들의 눈은 음란으로 가득 차서 끊임없이 죄를 짓는다. 그들은 믿음이 약한 사람들을 꾀어 욕심을 채우는 데 익숙한 저주받은 자식들이다.

'음심이 가득한 눈을 가지고 범죄 하기를 그치지 아니하고' '음심(*moichalidos*, adultery)이 가득한 눈(*ophthalmous*, eyes)을 가지고' 그들이 보는 모든 여자들을 성적인 대상들로 생각하는 것을 의미한다. '범죄 하기를 그치지 아니하고' 여기서 범죄는 음란의 죄를 말한다. 그들은 그들의 눈을 항상 탐욕의 도구로 사용했다.

'굳세지 못한 영혼들을 유혹하며 탐욕에 연단된 마음을 가진 자들이니 저주의 자식이라.' 굳세지 못한 영혼들은 아직 믿음이 확실하지 않은(*asteriktous*, unestablished), 믿음이 약한 사람들을 가리킨다. 거짓 선생들은 그들을 유혹해 넘어뜨린다. '탐욕에 연단된 마음을 가진 자들이니 저주의 자식이라.' '연단된(*gegymnasmenen*, trained) 마음' 에서 연단은 문자적으로 '벌거벗고 운동하는 것' 을 뜻하는 것으로, 거짓 선생들의 탐욕과 방탕의 정도를 나타내는 말이다. 거짓 선생들에 대한 저주는 극에 달해 베드로는 그들을 가리켜 '저주의 자식(*kataras tekna*, children of a curse)' 이라 부르고 있다.

5. 발람의 길을 따르는 자(15-19절): 불의의 삯을 사랑하는 자

---

15. 그들이 바른 길을 떠나 미혹되어 브올의 아들 발람의 길을 따르는 도다 그는 불의의 삯을 사랑하다가
16. 자기의 불법으로 말미암아 책망을 받되 말하지 못하는 나귀가 사람의 소

리로 말하여 이 선지자의 미친 행동을 저지하였느니라
17. 이 사람들은 물 없는 샘이요 광풍에 밀려가는 안개니 그들을 위하여 캄캄한 어둠이 예비 되어 있나니
18. 그들이 허탄한 자랑의 말을 토하며 그릇되게 행하는 사람들에게서 겨우 피한 자들을 음란으로써 육체의 정욕 중에서 유혹하는 도다
19. 그들에게 자유를 준다 하여도 자신들은 멸망의 종들이니 누구든지 진 자는 이긴 자의 종이 됨이라

15-16절에서 베드로는 거짓 선생들을 발람에 비유하고 있다(민 22:5-24:25).

> "그들이 바른 길을 떠나 미혹되어 브올의 아들 발람의 길을 따르는 도다 그는 불의의 삯을 사랑하다가(15절)."

'그들은 바른 길(*eutheian hodon*, the straight way)을 버리고, 그릇된 길로 갔다. 불의의 삯을 사랑한 브올(*Bosor*, Beor)의 아들 발람(Balaam)의 길(*te hodo*, the way)을 따라간 것이다.' 그들은 바른 길을 버리고 잘못된 길에 빠졌다. 브올의 아들 발람의 길을 따르고 있다. 발람은 악한 방법으로 얻은 재물을 사랑한 인물이다.

'그들이 바른 길을 떠나 미혹되어 브올의 아들 발람의 길을 따르는 도다.' 발람은 하나님이 금했는데도 이스라엘을 저주하고자 하였다. 그것은 발락이 그에게 주는 돈을 그가 원했기 때문이다(민 22-24장). 이처럼 거짓 선생들도 그들의 가르침을 받는 순진한 자들로부터 돈을 얻어내고자 했다.

'그는 불의의 삯을 사랑하다가.' '불의의 삯(*misthon adikias*, the wage of unrighteousness)'은 이스라엘을 저주해 달라고 모압 왕 발락(Balak)이 발람에게 주었던 뇌물을 가리킨다.

> "자기의 불법으로 말미암아 책망을 받되 말하지 못하는 나귀가 사람의 소리로 말하여 이 선지자의 미친 행동을 저지하였느니라(16절)."

'그러나 발람은 자기의 범죄에 대하여 책망을 들었다. 말 못하는 나귀가 사람의 소리로 말하여 이 예언자의 미친 행동(*paraphronian*, madness)을 막은 것이다.' 하나님은 말 못하는 나귀가 사람의 음성으로 말하게 하심으로써 그의 행동을 막으셨다. 책망을 받은 것이다. 발람은 선지자지만 하나님의 뜻을 따르기보다는 재물을 더 좋아하다가 길을 가던 중 나귀에 의해 책망을 받기에 이른다. 미친 발람의 수모는 거짓 선생들이 받을 몫이기도 하다.

> "이 사람들은 물 없는 샘이요 광풍에 밀려가는 안개니 그들을 위하여 캄캄한 어둠이 예비 되어 있나니(17절)."

'이 사람들은 물 없는 샘과 폭풍에 밀려가는 안개와 같다. 그들에게는 칠흑 같은 어두움만이 있을 뿐이다.' 그들은 물 없는 샘, 폭풍에 밀려가는 안개와 같은 존대들이다. 그들에게는 캄캄한 어둠(*ho zophos tou skotous*, gloom of darkness)이 마련되어 있을 뿐이다.

'이 사람들은 물 없는 샘이요 광풍에 밀려가는 안개니.' 물 없는 샘과 광풍에 밀려가는 안개는 거짓 선생들의 가르침이 아무 실속이 없음을 나타낸 말이다. '물 없는 샘(*pegai*, springs)이요.' 사막을 여행하는 자에게 물 없는 샘은 더 큰 갈증과 허탈감을 줄뿐이다. 이것은 거짓 선생들의 허황된 교훈의 속성을 비유한 말이다. '광풍에 밀려가는 안개(*homichlai*, mists),' 열대 지방에서는 식물을 싱싱하게 만들어 주는 것이 안개와 이슬이다. 거짓 선생들의 가르침은 일시적으로 소생시키는 것 같지만 광풍에 밀리면 안개가 곧 사라지듯 금방 갈증을 일으킨다는 뜻이다. 거짓 선생들은 그럴 듯한 논리로 사람들을 미혹하나 실제로는 그들이 할 수 있는 것은 아무것도 없다.

> "그들이 허탄한 자랑의 말을 토하며 그릇되게 행하는 사람들에게서 겨우 피한 자들을 음란으로써 육체의 정욕 중에서 유혹하는 도다(18절)."

'그들은 헛된 말로 자랑한다(*hyperonka*, arrogant).' 그들은 허무맹랑하게 큰소리를 친다. '잘못된 길에서 겨우 빠져나온 사람들을 육체의 정욕으로 꾀어 죄를 짓게 한다.' 그들은 그릇된 생활을 하는 자들에게서 가까스로 빠져나온 사람들을 육체의 방종한 정욕으로 유혹한다. '겨우 피한 자들(*tous oligos apopheugontas*, those barely escaping)' 은 헛되고 무익한 이방신앙에서 최근에 기독교로 개종한 초신자들을 가리킨다.

> "그들에게 자유를 준다 하여도 자신들은 멸망의 종들이니 누구든지 진 자는 이긴 자의 종이 됨이라(19절)."

'그들은 사람들에게 자유(*eleutherian*, freedom)를 약속한다. 하지만 자기들은 멸망의 종이 되어 있다. 누구든지 진 사람은 이긴 사람의 종노릇을 하게 되는 것이다.' 거짓 선생들은 남들에게 자유를 준다고 약속하지만 그들 자신들은 이미 멸망(*phthoras*, corruption), 곧 부패의 종들(*douloi*, slaves)이 되어 있다. 누구든지 정복을 당하면 그는 정복자의 종이 되는 것 아니겠는가.

'그들에게 자유를 준다 하여도 자신들은 멸망의 종들이니.' '자유를 준다 하여도.' 거짓 선생들은 그리스도가 주신 자유를 오용하여 방종에 빠졌다. '멸망의 종들' 은 그리스도 안에 있는 신앙의 자유와 육적 자유를 혼동하여 경건한 삶을 버리고, 세속적이며 향락적인 부패 생활을 하면서 성도들을 유혹하여 함께 멸망의 구덩이로 달음질하는 거짓 선생을 가리킨다.

'누구든지 진 자는 이긴 자의 종이 됨이라.' '종이 됨이라(*dedoulotai*, enslaved).' 육체의 정욕에 지게 된 자는 그 정욕의 종이 된다는 뜻이다. 여기서 우리는 거짓된 교훈을 가르치는 자들 속에는 결코 아름답거나 좋은 것들이 없음을 알게 된다.

6. 그리스도를 안 다음 저버리는 경우(20-22절): 돼지가 씻었다가 더러운 구덩이에 도로 누운 것과 같다

20. 만일 그들이 우리 주 되신 구주 예수 그리스도를 앎으로 세상의 더러움을 피한 후에 다시 그 중에 얽매이고 지면 그 나중 형편이 처음보다 더 심하리니
21. 의의 도를 안 후에 받은 거룩한 명령을 저버리는 것보다 알지 못하는 것이 도리어 그들에게 나으니라
22. 참된 속담에 이르기를 개가 그 토하였던 것에 돌아가고 돼지가 씻었다가 더러운 구덩이에 도로 누웠다 하는 말이 그들에게 응하였도다

베드로는 20-12절을 통해 그리스도를 알았지만 세상으로 돌아간 자들, 곧 거짓 선생들을 비난하고 있다. 이에 대해서는 두 가지 상충되는 견해가 있다.

하나는, 이 구절들은 구원을 받았던 자라도 타락하면 그 구원을 상실할 수 있다는 주장이다.

다른 하나는, 이 구절들에서 말하는 예수 그리스도에 대한 지식은 참된 지식이 아니며, 따라서 한 번 구원받은 사람은 어떤 경우에라도 결코 그 구원을 상실하지 않는다는 주장이다.

성경 전체와 조화를 이루는 것은 후자의 주장이다. 요한복음 10:27-30과 로마서 8:28-39는 이 사실을 잘 입증해주고 있다. 하지만 베드로는 전자의 입

장에서 이 구절들을 사용함으로써 성도들이 거짓 선생들에게 물들지 않도록 한 것으로 보인다.

> "만일 그들이 우리 주 되신 구주 예수 그리스도를 앎으로 세상의 더러움을 피한 후에 다시 그 중에 얽매이고 지면 그 나중 형편이 처음보다 더 심하리니(20절)."

'만일 주 예수 그리스도를 앎(*epignosei*, the knowledge)으로 세상의 더러운 것(*ta miasmata*, the pollutions)에서 해방된 사람들이 다시 거기에 빠져 정복을 당하면 그들의 마지막 형편은 처음보다 더 비참하다.' 예수를 믿다가 다시 세상의 더러운 것에 말려들어 믿음 생활을 저버리게 되면 그런 사람들의 형편은 마지막에 더 나빠질 것이라는 말씀이다.

'만일 그들이 우리 주 되신 구주 예수 그리스도를 앎으로 세상의 더러움을 피한 후에 다시 그 중에 얽매이고 지면.' 하나님의 아들이신 예수 그리스도의 십자가 보혈로 인해 속죄함을 얻은 자가, 다시 세속적인 생활에 빠져 죄 중에 타락하는 자에 대한 경고다. 이것은 고의로 하나님과 그리스도를 거부하는 행위이기 때문이다.

'그 나중 형편(*ta eschata*, the last state)이 처음보다 더 심하리니.' 그리스도를 믿다가 그 믿음을 포기하면 믿기 이전보다 더 타락한 생활을 하게 된다는 뜻이다. 이 같은 사람은 결국 하나님에 대적하려고 하며 사단의 역사가 떠나지 않는다. 따라서 베드로는 믿음을 배반한 자의 상태가 전보다 더 불행하고 비참해진다는 것을 강조하고 있다. 배반자는 다시 회개할 소망이 없기 때문이다(히 6:4-6, 10:26-31).

> "의의 도를 안 후에 받은 거룩한 명령을 저버리는 것보다 알지 못하는 것이 도리어 그들에게 나으니라(21절)."

'그들이 의의 길(*ten hodon tes dikaiosynes*, the way of righteousness)을 알고서도 자기들이 받은 거룩한 계명(*hagias entoles*, holy commandment)을 저버린다면, 차라리 그 길을 알지 못했던 편이 더 좋았을 것이다.' 주의 도가 바른 교훈인 줄 알면서 자신들에게 주어진 거룩한 계명을 저버린다면 그것을 모르는 편이 더 좋다는 말이다. 알고서도 그 길을 저버렸기 때문에 용서받기 어렵다는 말이다.

> "참된 속담에 이르기를 개가 그 토하였던 것에 돌아가고 돼지가 씻었다가 더러운 구덩이에 도로 누웠다 하는 말이 그들에게 응하였도다(22절)."

'개는 자기가 토한 것을 도록 먹고, 돼지는 몸을 씻고 나서도 다시 진탕에 뒹군다.' 는 속담이 그들에게 맞는(*alethous*, true) 말이다. 그러니 어찌 그 길로 갈 수 있겠는가 하는 것이다. 성도는 달라야 한다는 말이다.

베드로후서 3장

1. 재림의 약속(1-5절): 주의 재림을 확신하라

1. 사랑하는 자들아 내가 이제 이 둘째 편지를 너희에게 쓰노니 이 두 편지로 너희의 진실한 마음을 일깨워 생각나게 하여
2. 곧 거룩한 선지자들이 예언한 말씀과 주 되신 구주께서 너희의 사도들로 말미암아 명하신 것을 기억하게 하려 하노라
3. 먼저 이것을 알지니 말세에 조롱하는 자들이 와서 자기의 정욕을 따라 행하며 조롱하여
4. 이르되 주께서 강림하신다는 약속이 어디 있느냐 조상들이 잔 후로부터 만물이 처음 창조될 때와 같이 그냥 있다 하니
5. 이는 하늘이 옛적부터 있는 것과 땅이 물에서 나와 물로 성립된 것도 하나님의 말씀으로 된 것을 그들이 일부러 잊으려 함이로다

1-13절에서 베드로는 주의 재림에 대한 확신을 다시금 일깨워주고 있다. 베드로 당시 재림에 대해 극단적인 두 입장이 있었다. 하나는, 재림에만 집중하는 사람들이다. 현실이나 일상의 삶에 대해 무관심하고 오직 재림에만 초점을 맞추는 사람들이다. 다른 하나는, 재림을 의도적으로 무시하고 현실에 집착하며 사는 사람들이다. 둘 다 문제 있다. 사도들은 주님의 재림을 확실하게 믿으며 주님이 오실 때까지 영적으로는 경건하고, 생활면에서는 성실하게 살

아야 할 것을 강조하고 있다.

1-7절에서 그는 그리스도의 재림을 믿지 않는 거짓 선생들의 가르침을 언급한 뒤 그들이 그리스도의 재림 시에 멸망당할 것임을 경고하고 있다. 1-2절에서는 베드로가 이 편지를 쓰는 목적을 밝히고 있다.

> "사랑하는 자들아 내가 이제 이 둘째 편지를 너희에게 쓰노니 이 두 편지로 너희의 진실한 마음을 일깨워 생각나게 하여(1절)."

'사랑하는 성도 여러분, 나는 여러분에게 이 두 번째 편지를 쓰고 있다. 두 편지로 나는 여러분의 기억을 되살려서, 여러분의 순수한 마음을 일깨우고자 한다.' 이 편지를 쓰는 목적을 밝히고 있다.

'내가 이제 이 둘째 편지를 너희에게 쓰노니.' 둘째 편지는 베드로후서를 가리킨다. 이것은 베드로가 전서에 이어 후서도 썼음을 보여준다.

'이 두 편지로 너희의 진실한 마음을 일깨워 생각나게 하여.' 두 편지는 베드로전서와 베드로후서를 가리킨다. 일부 학자는 후서의 저자가 베드로가 아니라 주장하기도 한다. 하지만 두 서신의 주제와 저작 목적이 일치하는 것으로 보아 두 서신의 저자가 베드로임을 알 수 있다.

베드로는 1절에서 두 번째 편지를 쓰는 목적을 밝히고 있다. 그것은 '진실한 마음(*ten eilikrine dianoian*, pure mind)' 곧 주를 바라는 순수하고 진지한 마음(sincere mind)을 일깨우는데 있음을 보여주고 있다.

> "곧 거룩한 선지자들이 예언한 말씀과 주 되신 구주께서 너희의 사도들로 말미암아 명하신 것을 기억하게 하려 하노라(2절)."

'그렇게 해서 옛날 거룩한 선지자들이 예언으로 전한 말씀과 우리의 주님이신 구주께서 여러분의 사도들을 통해 명령하신 것을 다시 한 번 상기시켜 주려고 한다.' 이 편지를 쓰는 목적에 대한 부연 설명이다. 구약 시대 여러 선지자들이 전한 예언의 말씀(*rhematon*, words)과 사도들을 통해 전함 받은 그리스도의 명령(*entoles*, commandment)을 기억하게 함으로써 더욱 더 진실한 마음을 갖도록 하려는 것이다.

> "먼저 이것을 알지니 말세에 조롱하는 자들이 와서 자기의 정욕을 따라 행하며 조롱하여(3절)."

'여러분이 먼저 알아야 할 것이 있다. 말세, 곧 마지막 때에 자기들의 정욕대로 사는 사람들이 일어나 여러분을 비웃게 된다.' 말세에는 믿는 자들을 조롱하는 자들이 나타난다는 말씀이다.

'먼저 이것을 알지니 말세에 조롱하는 자들(*empaiktai*, scoffers)이 와서.' 말세(*eschaton ton hemeron*, the last of the days)는 그리스도의 초림과 재림 사이의 신약시대를 가리킨다. 성도가 가장 경계해야 할 것은 주의 재림을 부인하는 자로 자기의 정욕을 좇아 행하는 자들이다. 성경은 세상이 갈수록 악해져서 멸망을 향해 줄달음치고 있음을 알 수 있다.

> "이르되 주께서 강림하신다는 약속이 어디 있느냐 조상들이 잔 후로부터 만물이 처음 창조될 때와 같이 그냥 있다 하니(4절)."

거짓 선생들은 말한다. '예수가 다시 온다는 약속은 도대체 어떻게 되었나? 우리 조상들이 죽은 이후로 세상은 창조된 그대로 있지 않는가?' 조롱하는 말이다. '이르되 주께서 강림하신다는 약속이 어디 있느냐.' '강림(*parousias*, coming)' 은 문자적으로 '가까이 존재하는 것' 을 뜻한다. 재림과 그 임박성을 동시에 의미하는 말이다. '주께서 강림하신다는 약속이 어디 있느냐' 는 것은 거짓 선생들이 재림을 부정하며 다른 사람들을 미혹하는 말이다. 극심한 박해

가운데 있는 소아시아 교인들이 박해를 이겨낼 수 있는 힘은 바로 주의 재림에 대한 소망에 있었다. 사단은 이것을 잘 알고 이 점을 파고들어 공격하며 성도들의 믿음을 무너뜨리고자 한다.

성경은 주의 재림에 대해 많은 언급이 있다. 신약 성경 27권 가운데서 20권에서 재림을 언급하고 있고, 구절 수만으로도 300을 넘는다. 강림은 지어낸 이야기가 아니다. 예수님이 친히 말씀하신 것이다(벧후 1:16).

'조상들이 잔 후로부터 만물이 처음 창조될 때와 같이(*houtos*, as they were) 그냥 있다 하니.' 만물은 창조 때부터 변함없이 그대로 있다(*diamenei*, continue)고 말한다. '그냥 있다.' 는 것은 자연 질서 그대로 움직이고 있다는 것이다. 창조주가 만들고 섭리하지 않는다는 것이다. 거짓 선생들은 하나님이 인간 역사에 개입하는 것을 싫어하고, 우주 만물은 태고부터 일정한 법칙에 의해 진행되어 왔고, 앞으로도 그러할 것이라 주장한다. 동일과정설 지지자들은 현재의 자연현상도 어떤 간섭 없이 과거가 같은 방식으로 일어난다고 주장한다. 이들은 하나님의 심판을 믿지 않고 대홍수도 부정한다.

> "이는 하늘이 옛적부터 있는 것과 땅이 물에서 나와 물로 성립된 것도 하나님의 말씀으로 된 것을 그들이 일부러 잊으려 함이로다(5절)."

'그들은 하나님의 말씀대로 하늘이 창조되었고, 땅은 물에서 나와 물로 이루어졌으며, 옛 세상이 홍수로 멸망되었다는 사실을 일부러 잊으려 한다.' 거짓 선생들이 이렇게 말하는 것은, 하나님의 말씀으로 하늘이 오랜 옛날부터 있었고, 땅이 물에서 나와 물로 말미암아 형성되었다는 것과, 또 물로 그 때 세계가 홍수에 잠겨 망하여 버렸다는 사실을, 그들이 일부러 무시하기 때문이다.

'이는 하늘이 옛적부터 있는 것과 땅이 물에서 나와 물로 성립된 것도.' '하늘이 옛적부터 있는 것(*esan ekpalai*, existed long ago)' 은 하나님의 말씀으로 하늘이 오랜 옛날 창조되어 존재해왔음을 말한다. '땅이 물에서 나와(*ex hydatos*, out of water)' 는 태초의 혼돈 상태 때 땅이 물속에 잠겨 있었고(창 1:2), 그 때 하나님께서 물을 한 곳으로 모으시자 땅이 물에서 나와 그 모습을 드러냈음(창 1:9)을 말해준다. '물로(*di hydatos*, through water) 성립된 것도(*synestosa*, having been composed, placed together)' 는 '물 사이' 에 있었다는 뜻이다. 위에는 구름이 있고 밑에는 깊은 샘들이 있는 것을 가리킨다. 그래서 홍수 때 '큰 깊음의 샘들이 터지며 하늘의 창들이 열릴 수 있었다(창 7:11).

'하나님의 말씀으로 된 것을 그들이 일부러(*thelontas*, willingly) 잊으려 함이로다.' 자기의 정욕을 따라 자기의 지혜가 최상이라 믿는 자들은 주의 약속을 의도적으로 무시한다. 하나님의 천지 창조와 홍수심판에 대한 역사를 믿으면 죄악으로 더러워진 이 시대가 앞으로 불 심판을 받게 되리라는 것과 심판주이신 예수 그리스도가 다시 오실 것임을 믿어야 하기 때문이다. 따라서 모든 것이 하나님의 말씀에 따라 되었다는 것을 일부러 부정하는 것이다. '빛이 있으라' 하신 말씀 같이 천지창조는 하나님의 말씀으로 이루어졌다.

2. 주의 약속은 더딘 것이 아니다(6–9절): 오래 참으사 다 회개에 이르기를 원하신다

---

6. 이로 말미암아 그 때에 세상은 물이 넘침으로 멸망하였으되
7. 이제 하늘과 땅은 그 동일한 말씀으로 불사르기 위하여 보호 하신 바 되어 경건하지 아니한 사람들의 심판과 멸망의 날까지 보존하여 두신 것이니라
8. 사랑하는 자들아 주께는 하루가 천 년 같고 천 년이 하루 같다는 이 한 가지를 잊지 말라

9. 주의 약속은 어떤 이들이 더디다고 생각하는 것 같이 더딘 것이 아니라 오직 주께서는 너희를 대하여 오래 참으사 아무도 멸망하지 아니하고 다 회개하기에 이르기를 원하시느니라

"이로 말미암아 그 때에 세상은 물이 넘침으로 멸망하였으되(6절)."

'물로 그 때 세계가 홍수에 잠겨 망하여 버렸다.' 노아 시대 때 대홍수로 하나님의 심판을 받았음을 말해주고 있다.

"이제 하늘과 땅은 그 동일한 말씀으로 불사르기 위하여 보호 하신 바 되어 경건하지 아니한 사람들의 심판과 멸망의 날까지 보존하여 두신 것이니라(7절)."

'그러나 현재의 하늘과 땅은 심판 날에 모든 경건치 않은 사람들을 불로 멸망시키기 위해 동일한 하나님의 말씀으로 보존되고 있다.' 지금 있는 하늘과 땅도 불사르기 위하여 그 동일한 말씀으로 보존되고 있고, 경건하지 못한 자들이 심판을 받아 멸망을 당할 날까지 유지된다는 것이다. 미래에 불 심판이 있을 것임을 예고하고 있다.

'이제 하늘과 땅은 그 동일한 말씀으로 불사르기 위하여 보호 하신 바 되어.' 세상은 한 때 물로 심판을 받았었다. 그러나 최후에는 불(*pyri*, fire)로써 심판을 받을 것이다. 그 구체적인 내용이 10-13절에 기록되어 있다. '그 동일한 말씀으로(*to auto logo*, by the same word).' 하나님께서는 온 우주 만물을 당신의 말씀으로 창조하셨다. 노아 시대에는 악한 자들을 당신의 말씀으로 파멸시키셨다. 따라서 이 말은 창조의 권위가 있는 말씀, 노아 시대를 심판하시던 그 말씀과 똑같은 절대적인 권위로 말씀하신 것임을 나타낸다. 그 하나님의 말씀이 이 세상과 그 악한 자들을 불로 파멸시키실 것이라는 것이다.

8-13절에서 베드로는 그리스도의 재림이 늦은 이유를 설명하고 그들이 이 재림을 간절히 사모할 것을 권하고 있다.

> "사랑하는 자들아 주께는 하루가 천 년 같고 천 년이 하루 같다는 이 한 가지를 잊지 말라(8절)."

'사랑하는 교우 여러분. 주님에게는 하루가 천 년 같고 천 년이 하루와 같다는 사실을 잊지 말라.' 주님이 왜 더디 오시는가 생각하는 교인들을 향한 말씀이다.

'주께는 하루(*mia hemera*, one day)가 천년(*chilia ete*, thousand years) 같고 천년이 하루 같다는 이 한 가지' 는 주님의 시간개념이 인간의 그것과 다르다는 것을 말하는 데 목적이 있는 것이 아니다. 시간은 하나님께서 창조하신 것이다. 하지만 하나님은 시간을 인간이 생각하듯이 생각하지 않으신다. 영원하신 하나님은 인간과는 달리 공간과 시간을 초월하신다. 하나님은 시간을 초월하여 영원히 계신다. 과거와 미래가 없고 언제나 현재다. 하나님은 영원한 현재로서 과거뿐 아니라 현재와 미래에도 우리의 주님이시며 구주이시다. 하루 전의 하나님도 우리의 하나님이시고, 천 년 전의 하나님도 우리의 하나님이시다. 그에게는 천년의 긴 시간과 하루의 짧은 시간의 차이가 문제가 되지 않는다. 따라서 인간에게 있어서 영원하다고 생각되는 것이 일순간이 될 수 있고, 일순간이 영원도 될 수 있다(시 90:4). 이 본문은 주와 함께 거하는 우리가 시간을 초월해서 영원한 세계를 바라보며 현재의 환난을 이기라는 뜻이다. 또한 주의 재림도 시간의 흐름에 의존하는 것이 아니라 그리스도의 영원한 경륜에 의존한다는 것을 깨닫게 해주고 있다.

> "주의 약속은 어떤 이들이 더디다고 생각하는 것 같이 더딘 것이 아니라 오직 주께서는 너희를 대하여 오래 참으사 아무도 멸망하지 아니하

고 다 회개하기에 이르기를 원하시느니라(9절).”

‘어떤 이들이 생각하는 것과 같이 주님께서는 약속을 더디 지키시는 것이 아니다. 도리어 여러분을 위하여 오래 참으시는 것이다. 하나님께서는 아무도 멸망하지 않고, 모두 회개하는 데에 이르기를 바라신다.’ 주님은 약속을 지키는 데 더디신 분이 아니라 오래 참으셔서 아무도 멸망하지 않고 모두 회개하게 되기를 바라신다.

‘주의 약속은 어떤 이들이 더디다(*bradyteta,* slowness)고 생각하는 것 같이 더딘 것이 아니라.’ ‘주의 약속(*tes epangelias,* the promise)’은 예수님께서 이 땅에 다시 오시겠다는 재림의 약속을 가리킨다. 그러므로 주의 재림이 지연되는 것 같지만 그렇지 않다는 것이다.

‘더딘 것이 아니라 오래 참으사.’ 주님이 더디 오시는 것은 단지 더딘 것(*bradynei*, delay), 곧 지연된 것이 아니라 오래 참으사(*makrothymei*, be patient) 마지막 날에 아무도 멸망치 않고 다 회개(*metanoian*, repentance)하여 구원을 얻도록 하기 위함이다. 하나님은 한 사람이라도 멸망하는 것을 원치 않으신다. 인간 모두의 구원을 위해서 참고 기다리시는 것이다. 이것이 하나님의 뜻이다. 하나님은 우리의 구원을 위해 시간을 어떻게 맞춰야 될지를 가장 잘 아시는 분이다. 그분은 우리와 맺은 은혜의 약속을 이루시기 위해 시간을 사용하는 분이시다.

3. 주의 날이 도적 같이 오리니(10-13절): 새 하늘과 새 땅을 바라보도다

---

10. 그러나 주의 날이 도둑 같이 오리니 그 날에는 하늘이 큰 소리로 떠나가고

물질이 뜨거운 불에 풀어지고 땅과 그 중에 있는 모든 일이 드러나리로다
11. 이 모든 것이 이렇게 풀어지리니 너희가 어떠한 사람이 되어야 마땅하냐 거룩한 행실과 경건함으로
12. 하나님의 날이 임하기를 바라보고 간절히 사모하라 그 날에 하늘이 불에 타서 풀어지고 물질이 뜨거운 불에 녹아지려니와
13. 우리는 그의 약속대로 의가 있는 곳인 새 하늘과 새 땅을 바라보도다

10-13절은 우리에게 성경적인 역사관을 알려주고 있다. 역사에는 두 갈래의 줄기가 있다. 하나는, 최후에 있을 불의 심판을 향하는 불신자들의 역사이다. 그들은 더 완악하고 강퍅해져 멸망으로 끝난다. 다른 하나는, 구원과 영광을 향해 나아가는 성도들의 역사이다.

> "그러나 주의 날이 도둑 같이 오리니 그 날에는 하늘이 큰 소리로 떠나가고 물질이 뜨거운 불에 풀어지고 땅과 그 중에 있는 모든 일이 드러나리로다(10절)."

'그러나 주님의 날(*hemera Kyriou*, the day of the Lord)은 도둑같이 갑자기 올 것이다. 그 날에는 하늘이 큰 소리를 내며 사라지고 천체는 불에 타서 녹아 버릴 것이며 땅과 거기 있는 모든 것이 타서 없어질 것이다.' 주님의 날은 도둑같이 온다. 그 날에 하늘은 요란한 소리를 내면서 사라지고, 원소들은 불에 녹아버리고, 땅과 그 안에 있는 모든 일은 드러날 것이다.

> '주의 날이 도둑 같이 오리니.' 하나님은 자비로우셔서 오래 참으시지만 영원히 참으시는 것은 아니다. '주의 날이 도둑 같이 온다.' 는 것은 예고 없이 돌연히 온다는 것이다. 예수님도 이 같이 말씀하셨다(마 24:42-44). 성경 여러 곳에서도 재림이 갑자기 이루어질 것이라 하였다(눅 12:40, 살전 5:2, 계 3:3, 16:15). 재림은 인간의 시간 개념에 의존

> 하지 않는다. 그 날은 하나님의 뜻과 계획에 따라 반드시 온다. 도둑같이 온다. 그러므로 그 날을 준비해야 한다. "깨어있으라 준비하고 있으라 생각하지 않은 때에 인자가 오리라." (마 24:42-44).

하지만 재림의 때와 시간은 아무도 정확하게 알 수 없다(마 24:43, 눅 12:39). 이단의 특징 중 하나는 바로 주의 재림의 때를 정확하게 예언하는 것이다. 모든 사람이 주님이 재림하지 않을 것으로 생각하는 그 시간에 주님이 오신다. 심지어 교회마저 재림관이 둔해져 그에 대한 관심이 없을 때 주님이 임하신다.

'그 날에는 하늘이 큰 소리로(*rhoizedon*, with a roar) 떠나가고(*pareleusontai*, will pass away).' 주님이 재림하시는 날에는 새 하늘과 새 땅이 드러나고 천계에 변화가 있게 될 것을 말하고 있다. 하늘은 종이 축(軸)이 말리는 것처럼 떠나가고(계 6:14), 땅과 하늘이 하나님 앞에서 피하여 간 데 없다(계 20:11)는 말씀도 있다.

'물질이 뜨거운 불에 풀어지고.' 물질(*stoicheia*, elements)은 우주를 조성하고 있는 기본적인 구성요소(기초), 곧 물질적인 요소들(material elements)을 가리킨다. 신약시대 사람들은 이 물질을 보통 공기, 흙, 불, 물로 생각했다. '풀어지고(*lythesetai*, will be dissolved)' 는 소금이 물에 녹듯, 밀납이 불 앞에서 녹아내리듯 모든 힘의 질서가 해체된다는 뜻이다. 지구는 지구대로, 달은 달대로 어떤 질서를 가지고 있는데 그 모든 질서가 다 녹아지고 해체된다. 하나님 앞에서 세상의 질서는 모두 깨어진다. 이 세상의 모든 것들이 그 기본 구성 요소까지 다 파괴되는 것이다. 하늘의 일월성신이 불에 의해 소멸되는 등 큰 변화가 일어날 것으로 해석하기도 하고, 우리가 이 세상에서 의지했던 물질적인 모든 욕구까지 모두 뜨거운 불에 녹아버리는 것으로 해석하기도 한다.

'땅과 그 중에 있는 모든 일이 드러나리라.' '드러나리로다(*ouch heurethesetai*, will not be found, laid bare, NIV)' 는 '타버리리라(burned up, KJV, NASB)' 는 것을 의미한다. 이 모든 것이 결국 하룻밤 사이에 허무한 것으로 드러난다.

> "이 모든 것이 이렇게 풀어지리니 너희가 어떠한 사람이 되어야 마땅하냐 거룩한 행실과 경건함으로(11절)."

'모든 것이 이렇게 녹아 버릴 텐데 성도 여러분은 어떤 사람이 되어야 하겠는가? 경건하고 거룩한 생활을 해야 되지 않겠는가.' 그 결국을 안다면 두려운 마음으로 거룩한 행실과 경건한 삶을 살아야 되지 않겠는가.

'이 모든 것이 이렇게 풀어지리니.' '풀어지리니(*lyomenon*, being dissolved)' 는 녹아지고 파괴된다는 뜻이다. 주의 재림의 날에 이 세상이 불 심판으로 멸망당한다는 것이다.

'너희가 어떠한 사람이 되어야 마땅하냐.' 마지막이 되면 천지간의 모든 것이 파괴된다. 그렇다면 주의 날이 임박한 이 때에 우리가 어떠한 신앙인이 되어야 하는가. 베드로의 이 질문은 믿는 사람이 항상 진지하게 받아들여야 할 질문이다.

'거룩한 행실과 경건함으로.' 거룩한 행실(*hagiais anastrophais*, holy conduct)과 경건함(*anastrophais*, godliness)은 우리가 세상과 동화되지 않고 구별된 삶을 살아야 하고, 하나님 자녀답게 바르게 신앙생활을 하면서 살아야 한다는 것을 의미한다. 성도들은 구원받게 될 것이므로 두려워하지 말고 거룩하고 경건한 생활을 하면서 주의 재림을 기다려야 한다.

> "하나님의 날이 임하기를 바라보고 간절히 사모하라 그 날에 하늘이

불에 타서 풀어지고 물질이 뜨거운 불에 녹아지려니와(12절)."

'하나님의 날이 속히 오기를 간절히 기다려야 한다. 그 날에는 하늘이 불에 타서 없어지고 천체도 그 열로 녹아 버릴 것이다.' 하나님의 날이 오기를 기다리고, 그 날을 앞당기도록 해야 하지 않겠는가? 그 날에 하늘은 불타서 없어지고, 원소들은 타서 녹아버릴 것이다.

'하나님의 날이 임하기를 바라보고 간절히 사모하라.' 임하기(*ten parousian*, the coming)는 그리스도의 재림을 가리키는 말로 쓰인다. 그리스도의 재림을 간절한 마음으로 사모하라는 것이다. 이것은 그리스도인의 소망이 마지막 날에 없어질 이 세상에 있지 않고 영원한 하나님 나라에 있기 때문이다.

재림을 사모하는 것이 그리스도인이 해야 할 일이다. 그 날이 온다는 것을 아는 사람이면 삶의 모습이 달라지기 때문이다. 베드로는 이 날이 임하기를 '바라보고(*prosdokontas*, expecting),' '간절히 사모하라(*speudontas*, hastening, 그 날이 속히 오도록 재촉하라는 뜻)' 고 말하고 있다.

계시록 22장 20절에도 '내가 진실로 속히 오리라' 하실 때 '아멘 주 예수여 오시옵소서' 라고 응답하고 있다. 그리스도인이 가져야 할 비전의 초점은 예수님의 재림에 두어야 한다.

"우리는 그의 약속대로 의가 있는 곳인 새 하늘과 새 땅을 바라보도다(13절)."

'그러나 우리는 하나님의 약속대로 정의만이 있는 새 하늘과 새 땅을 기다리고 있다.' 우리 그리스도인은 주님의 약속(*to epangelma*, the promise)을 따라 정의가 깃들여 있는 새 하늘과 새 땅을 기다리고 있다.

'그의 약속대로 의의 거하는 바' 는 우리가 하나님의 약속대로 의(*dikaio-*

syne, righteousness)만이 있는 새 하늘(*kainous ouranous*, new heavens)과 새 땅(*kainen gen*, new earth), 곧 하나님의 나라(막 4:11)에 거하는 것을 말한다. 하나님을 믿는 성도는 하나님의 의에 거한다. 하나님의 의가 완전히 이루어지는 것은 새 하늘과 새 땅에서다. 따라서 새 하늘과 새 땅은 성도들의 궁극적인 소망이다.

성도들은 죄와 악이 가득한 이 세상이 파괴되고 새 하늘과 새 땅이 나타나는 영광스러운 역사를 맞는다. 우리는 주님을 기다리는 미래지향적 자세를 가져야 한다. 이 하늘과 이 땅은 녹아 없어지지만 언약의 백성들은 새 하늘과 새 땅을 바라보는 희망을 갖게 된다. 이런 신앙의 자세를 갖게 되면 세상을 이길 수 있는 힘과 용기를 갖게 된다. 그리스도인은 따라서 이 세상 속에서 어떤 일을 당해도 낙망하지 않고 주안에서 힘 있게 일어날 수 있다. 그리스도인은 이 땅에서 목적 없이 방랑하는 방랑자가 아니다. 목적을 가진 나그네이다. 우리가 가야할 목적지는 새 하늘과 새 땅이며 그곳이 우리의 종점이다.

4. 그러므로 사랑하는 자들아(14-18절): 너희가 굳센 데서 떨어질까 삼가라

---

14. 그러므로 사랑하는 자들아 너희가 이것을 바라보나니 주 앞에서 점도 없고 흠도 없이 평강 가운데서 나타나기를 힘쓰라
15. 또 우리 주의 오래 참으심이 구원이 될 줄로 여기라 우리가 사랑하는 형제 바울도 그 받은 지혜대로 너희에게 이같이 썼고
16. 또 그 모든 편지에도 이런 일에 관하여 말하였으되 그 중에 알기 어려운 것이 더러 있으니 무식한 자들과 굳세지 못한 자들이 다른 성경과 같이 그것도 억지로 풀다가 스스로 멸망에 이르느니라
17. 그러므로 사랑하는 자들아 너희가 이것을 미리 알았은즉 무법한 자들의 미

혹에 이끌려 너희가 굳센 데서 떨어질까 삼가라
18. 오직 우리 주 곧 구주 예수 그리스도의 은혜와 그를 아는 지식에서 자라
가라 영광이 이제와 영원한 날까지 그에게 있을 지어다

14-18절은 베드로의 마지막 훈계이다. 그는 소아시아 교인들에게 이 종말의 때에 거룩한 삶을 살며 산 소망을 바라봄으로 거짓 선생들에게 미혹당하지 말라 경고하고 있다.

> "그러므로 사랑하는 자들아 너희가 이것을 바라보나니 주 앞에서 점도 없고 흠도 없이 평강 가운데서 나타나기를 힘쓰라(14절)."

'사랑하는 성도 여러분은 이 날을 기다리고 있는 자들이다. 그러므로 하나님 앞에서 티도 없고 흠도 없는 사람이 되어 평안한 마음으로 그분을 뵙도록 노력하라.' 주님이 오시는 그 날을 기다리며 깨끗한 신앙생활을 하여 주님을 기쁨으로 뵙도록 하라는 것이다.

'그러므로 사랑하는 자들아 너희가 이것을 바라보나니.' 성도는 주의 날을 기다리는 자임을 재확인하고 있다.

'주 앞에서 점도 없고 흠도 없이 평강 가운데서 나타나기를 힘쓰라.' '점도 없고(*aspiloi*, without spot) 흠도 없이(*amometoi*, without blemish)' 는 구약 시대에 성소에서의 직무(레 21:7)와 희생제물(민 19:2)에 관한 율법에 그 기원을 찾을 수 있다. 당시 유대인들은 하나님께 제사드릴 때 온전한 것만을 드렸다. 베드로도 이것에 착안해 성도들도 온전한 마음을 지녀야 주님이 재림하시는 날 평강(eirene, peace) 속에서 맞이할 수 있을 것이라 하였다. 주님께서는 우리에게 이미 은혜와 평강을 주셨다. 우리가 거룩한 삶을 살려고 할 때 이 평강을 미리 누리게 된다.

> "또 우리 주의 오래 참으심이 구원이 될 줄로 여기라 우리가 사랑하는 형제 바울도 그 받은 지혜대로 너희에게 이같이 썼고(15절)."

'그리고 우리 주님이 오래 참으시는 것은 여러분을 구원하기 위한 것임을 알라. 우리의 사랑하는 형제 바울도 하나님께 받은 지혜로 이와 같은 편지를 여러분에게 써 보냈다.' 주님의 오래 참으심이 우리를 구원하시기 위한 것임을 바울의 서신에서도 말하고 있다는 것이다.

'또 우리 주의 오래 참으심(*makrothymian*, patience)이 구원(*soterian*, salvation)이 될 줄로 여기라.' 하나님이 오래 참으시는 것은 모든 사람이 회개하여 마지막 날에 구원 받기를 바라시기 때문이다. 하지만 믿지 않는 자들은 이런 사랑과 인내를 곡해하여 재림을 부인하면서 성도들을 조롱한다.

'우리가 사랑하는 형제 바울도 그 받은 지혜(*sophian*, wisdom)대로 너희에게 이같이 썼고' 바울이 하나님께서 주신 지혜, 곧 성령의 감동하심을 따라 교우들에게 서신을 썼고, 베드로도 바울의 서신을 성경으로 분명히 인정했음을 보여준다.

> "또 그 모든 편지에도 이런 일에 관하여 말하였으되 그 중에 알기 어려운 것이 더러 있으니 무식한 자들과 굳세지 못한 자들이 다른 성경과 같이 그것도 억지로 풀다가 스스로 멸망에 이르느니라(16절)."

'바울은 그의 모든 편지에서 이런 것을 두고 말하고 있는데, 그 가운데는 이해하기 어려운 것이 더러 있어서, 무식하거나 믿음이 굳세지 못한 사람은, 다른 성경을 잘못 해석하듯이 그것을 잘못 해석해서, 마침내 스스로 파멸에 이르고 말 것이다.' 재림을 언급한 바울 서신 중에는 알기 어려운 말이 더러 있어 잘못 해석하는 일이 없기를 바란다는 말이다.

'또 그 모든 편지에도 이런 일에 관하여 말하였으되.' 바울도 그의 모든 서신에서 자기처럼 그리스도 재림에 대해 언급하고 있음을 밝히고 있다. '그 중에 알기 어려운 것이 더러 있으니.' 그 가운데 알기 어려운(*dysnoeta*, difficult to be understood) 것, 곧 이해하기 어려운 말이 더러 있다는 것이다.

'무식한 자들과 굳세지 못한 자들이 다른 성경과 같이 그것도 억지로 풀다가 스스로 멸망에 이르느니라.' 무식한 자(*hoi amatheis*, the ignorant)는 성경을 배우지 못한 자를, 굳세지 못한 자(*asteriktoi*, the established)들은 믿음에 관해 흔들리기 쉬운 자(unstable people)를 가리킨다. '억지로 풀다가(*streblousin*, distort)' 는 성경을 곡해해서 풀이하는 것을 말한다. 성령의 조명과 달리 성경 구절들을 진지하게 비교, 검토해 보지 않고 인간적인 지혜로만 교묘하게 성경을 해석하는 것을 말한다. 자기주장에 사로잡힌 자들이 성경을 올바로 보지 못하고 성경을 곡해하는 것은 성경을 파괴하는 결과를 초래한다. 스스로 멸망을 불러들이는 꼴이 되고 만다.

17-18절은 이 서신의 맺음말이다. 베드로는 인사말과 함께 그리스도에 대한 찬양과 기도로 서신을 마무리하고 있다.

> "그러므로 사랑하는 자들아 너희가 이것을 미리 알았은즉 무법한 자들의 미혹에 이끌려 너희가 굳센 데서 떨어질까 삼가라(17절)."

'그러므로 사랑하는 성도 여러분은 이 사실을 미리 알고, 불의한 자들의 유혹에 휩쓸려서 믿음을 잃지 않도록 주의하라.' 거짓 선생들의 꼬임에 빠지지 않도록 믿음에 굳게 서라는 당부다.

'너희가 이것을 미리 알았은즉(*proginoskontes*, knowing this beforehand).' 위에서 말한 주의 사항을 서신을 통해 성도들이 미리 확실하게 알게 되었음을 말한다.

'무법한 자들의 미혹에 이끌려 너희가 굳센 데서 떨어질까 삼가라.' 무법한 자는 불의한 자, 악한 자를 말한다. 거짓 선생들을 가리키는 말이다. 늘 조심하여 그들의 악한 꼬임에 빠지지 않도록 하라는 것이다. '굳센 데(*tou idiou sterigmou*, the own steadfastness)' 는 자신이 믿음으로 확고히 선 자리를 말한다. 이 확고한 믿음의 자리에서 떨어지지 않도록 조심하라(*phylassesthe*, beware)는 것이다.

> "오직 우리 주 곧 구주 예수 그리스도의 은혜와 그를 아는 지식에서 자라 가라 영광이 이제와 영원한 날까지 그에게 있을지어다(18절)."

'성도 여러분은 우리 주님이신 구주 예수 그리스도의 은혜 안에서(*en chariti*, in grace), 그리고 그분을 아는 지식 안에서(*en gnosei*, in knowledge) 점점 자라가라(*auxanete*, grow). 이제도 영원한 날까지도 영광이 주님께 있기를 빕니다.' 베드로의 마지막 인사말이다. 그는 끝으로 예수님은 우리의 주요 구주이심을 명확히 하고 있다. 나아가 성도들이 주의 은혜와 그리스도를 아는 지식에서 자라가기를 바라면서 주님께 이제와 영원히 영광이 있기를 기원했다.

'오직 우리 주 곧 구주 예수 그리스도의 은혜와 저를 아는 지식에서 자라 가라.' 소아시아 교우들을 향한 베드로의 마지막 바람이다. 은혜는 하나님의 가족 밖에 있던 자가 하나님의 가족 안으로 들어왔다는 뜻이다. 지식은 주님을 아는 것을 말한다. 주님을 아는 자는 그분을 닮아가게 된다. 그리스도의 은혜를 사모하게 되면 깨달은 날부터 열매를 맺게 된다. 예수를 깊이 알수록 열매를 맺게 된다. 은혜와 지식의 원천은 예수 그리스도이시다. 그리고 그리스도인들이 타락을 피하는 유일한 방법은 자라가는 것이다. 우리는 새로운 피조물로 다시 태어났다. 따라서 계속 성장해야 한다. 은혜와 지식은 성장에 필요한

요소들이다. 베드로는 다시 한 번 주의 은혜와 주님을 아는 지식을 강조하면서 글을 맺고 있다.

'영광이 이제와 영원한 날까지 그에게 있을지어다.' 영원한 날(*hemeron aionos*, the day of eternity)은 주님이 재림하시는 날을 뜻한다. 영광(*he doxa*, the glory)이 지금뿐 아니라 주님 오시는 그날까지 오직 주님께 있을지어다. 아멘.